矢野耕平

令和の中学受験

保護者のための参考書

講談社+α新書
プラスアルファ

目次

第二章　志望校の選び方

第三章　中学受験塾という世界

序章　中学受験ブームがやってきた

【この章のポイント】

●第一志望校合格者は「三人に一人」以下

●中学受験に「ママ友」はいらない

●親世代の受験知識は通用しない

卒業間際に「消えた」中学受験生

　昨年のことです。小学校の卒業式が迫っている二月上旬、都内湾岸地域在住の小学校六年生の少女（仮にA子さんとしましょう）が、通学する小学校からその姿を突如消したという話を耳にしました。

「また今年もそんなことが繰り返されるのか……。かわいそうな子だな」

　わたしはこんな感想を抱きました。

　申し遅れました。ここで自己紹介をします。わたしは世田谷区と港区で中学受験専門塾を営んでいる者です。この世界に入って二八年目になるいまも、連日、小学生の子どもたちを対象に教鞭を執っています。

　さて、このA子さんの話をわたしに教えてくれたのは、中学入試を終えたばかりの「旧塾生」の女の子です（仮にB子さんとしておきましょう）。

「消えた」A子さんはわたしの塾には通っていませんでしたが、この子のエピソードは何カ月も前から仄聞《そくぶん》していました。

　中学入試直前期に、A子さんとの付き合いに困ったB子さんから、わたしはたびたび相談を受けていたからです。

「ねえ、Ｂ子は○○中学校が第一志望校でしょう？　わたしもそうなんだよね」

小学校のクラスメイトのＡ子さんに、突然そう話しかけられたＢ子さんはびっくりしたそうです。Ａ子さんの言う通りでしたから。彼女とは通っている進学塾も違えば、志望校の話など小学校の中でしたことがないのに、どこでどう漏れたのでしょうか……。

それ以来、Ａ子さんは、Ｂ子さんの志望校や学習状況、模擬試験の結果などを執拗に探ってくるようになったのです。

そんなＡ子さんとのやり取りに疲弊したＢ子さんは、わたしのところに相談にやってきたのでした。わたしはこう回答しました。

「人間関係がもつれると面倒だから、こう返答するといいよ。『小学校では絶対に受験のことを話さないという指示が塾から出ているから、詳しくは言えない』と」

その後、Ａ子さんがＢ子さんに対して、中学受験のあれこれを質問攻めにすることはなくなりましたが、その代わりに、「マウンティング」が始まったのです。

「わたし、この前の模擬試験で○○中学校合格可能性八〇％が出た！」

「わたし、志望校別クラスでかなり上の位置にいるんだよね」

「『滑り止め』は○○中学校と○○中学校かな」

そう話しかけられたＢ子さんは、「聞き役」にひたすら徹しました。わたしとの約束を守って、自分自身の情報については黙して語らない態度を貫いたそうです。

「とにかくあの時間は苦痛でした」

B子さんは当時をそう振り返ります。


話を冒頭の出来事に戻しましょう。

なぜ、A子さんは小学校からその姿を「消した」のでしょうか。

そうです。A子さんは第一志望校のみならず、受験した学校をことごとく不合格になってしまったのです。

実はこのA子さんが「標的」にしていたのはB子さんだけではありませんでした。聞けば、小学校の同級生たちに自分の志望校や成績などを言いふらしていたそうです。だからこそ、友人たちの前に顔を出せなくなってしまったのでしょう。

よその子と比べたがる母親

わたしがB子さんの相談に乗っていた中学入試直前期。その同時期にわたしはこの「消えてしまった」A子さんの母親についても、B子さんの母親から愚痴を聞かされていました。

B子さんの母親によると、驚くことにA子さんの母親も、自分の娘と全く同じようなふるまいをしていたというのです。

周囲の保護者に子どもの勉強の話をするだけに留まらず、同級生たちの受験校の「詮索」までおこなっていました。A子さんの母親は多くのママ友たちから「要注意人物」の烙印を押され、周囲から少しずつ距離を置かれたそうです。

A子さんの母親の口癖は「○○さんの子と比べてウチの子は〜」というものでした。

わたしはこの話を聞いて、A子さんがなぜ他人の受験に干渉したり、マウントを取ったりしたのか、その理由が推察できたのです。

ここからは憶測ではありますが、A子さんは母親に「○○ちゃんと比べて、あなたの偏差値は低いんじゃないの」とか、「いいわねえ、○○ちゃんは優秀で」……そんなことばを常日頃から浴びせられていたのではないでしょうか。

中学入試本番に向けて懸命に学習に励んでいたとしても、そんなふうに母親から来る日も来る日も否定され続けた子は、いつしか「自己肯定感」を抱けなくなってしまいます。

だから、そのぽっかりと空いた「穴」を無理やり塞《ふさ》ごうとして、B子さんたち同級生に無意識に「マウント」をとってしまったのでしょう。実際にそうであれば、A子さんも被害者であり、このような事態にいたってしまった元凶は母親だったのです。

A子さんが卒業間際になって小学校から「消えた」という話を耳にして、「かわいそうな子だな」という思いをわたしが抱いたのは、こういう理由です。

さて、ここまでわたしは一つの「失言」をしています。軽佻《けいちょう》浮薄《ふはく》な物言いと表してよいかもしれません。

それはどこかお分かりになりますか。

「元凶は母親」だと決めつけている点です。

A子さんを巡るこの一連の出来事における諸悪の根源は「母親」にあるのでしょうか。

そうとは限りません。中学受験に無理解な「父親」が原因かもしれませんし、母親が「義父母」から孫の受験に対するプレッシャーをかけられていたことが原因かもしれません。あるいは、中学入試が迫ってきて周囲の「ママ友」たちのいろいろな噂話に翻弄されたからかもしれません。進学塾の担当講師の不適切なアドバイスが基になっているのかもしれません。

そして、それらの「元凶」にも、それらを生むまた別の「元凶」がきっとあるのです。こう考えると、A子さんの事例における犯人捜しはあまり意味を成しません。

ただし、はっきりと言い切れることがあります。

A子さんの母親は間違いなく「中学受験」という世界に呑み込まれてしまった結果、こんな事態を招いてしまったのです。

第一志望合格は三人に一人もいない

首都圏の中学受験は一月から始まります。一月には埼玉県や千葉県の私立中学校、そして、東京に入試会場を設ける「地方校」の入試がおこなわれます。都内の受験生たちは「事前練習」としてこれらの学校の入試に挑みます。

たとえば、埼玉県の栄東《さかえひがし》、浦和明《あけ》の星《ほし》女子、千葉県の渋谷教育学園幕張、市川をはじめ、これらの中学入試にはそれぞれ数千人規模の中学受験生が集まるのです。

そして、二月一日から五日、六日頃まで東京都・神奈川県にある私立中学校の入試が集中的におこなわれます。

二月中旬になると、終わったばかりの中学入試結果について、小学校の「ママ友ネットワーク」の中で「実名付き」でいろいろな噂が飛び交うことになります。

「○○さんのお兄ちゃん、○○塾に通って、難関校の武蔵中学に合格したみたい！」

「○○くんのお姉さんなんて、小学校五年生から○○塾に通い始めて、女子御三家の女子学院に受かったんだって。すごいわねえ！」

そういえば、最近は勤務先の会社内でも、男女問わず同僚の子どもの中学受験の噂話に花を咲かせることもあるとか。

ただし、この手の「風説」については一歩立ち止まって考えてほしいのです。

中学受験で「上手くいった」話ばかりが飛び交っているように感じられませんか？


近年の首都圏中学入試では受験者数が増加の一途を辿っています。

その主たる理由としては「大学入試改革」や「大学入試定員厳格化による首都圏私立大学の難化」に対する不安、教育意識の高い都心部の児童数が増加傾向にある点などが挙げられるでしょう。

次のデータに目を向けてみましょう。

グラフを見ると、二〇一五年度以降、中学受験者数が増加の一途を辿っていることが分かります。二〇〇七年度から八年連続で中学受験者数は減少しましたが、二〇一五年度からはその数が増加傾向に転じています。

昨年度二〇二〇年度の中学入試は、一一年ぶりに一都三県の私立中学校の募集定員総数を上回る受験者が詰めかけたのです。中学受験はいまや「学校を選ぶ時代」ではなく、「学校から選ばれる時代」であると言っていいでしょう。

実際、首都圏の中学受験生で第一志望校の合格切符が得られるのは「三人に一人」もいな

首都圏の２月１日私立中学受験者数の推移、募集定員及び受験比率

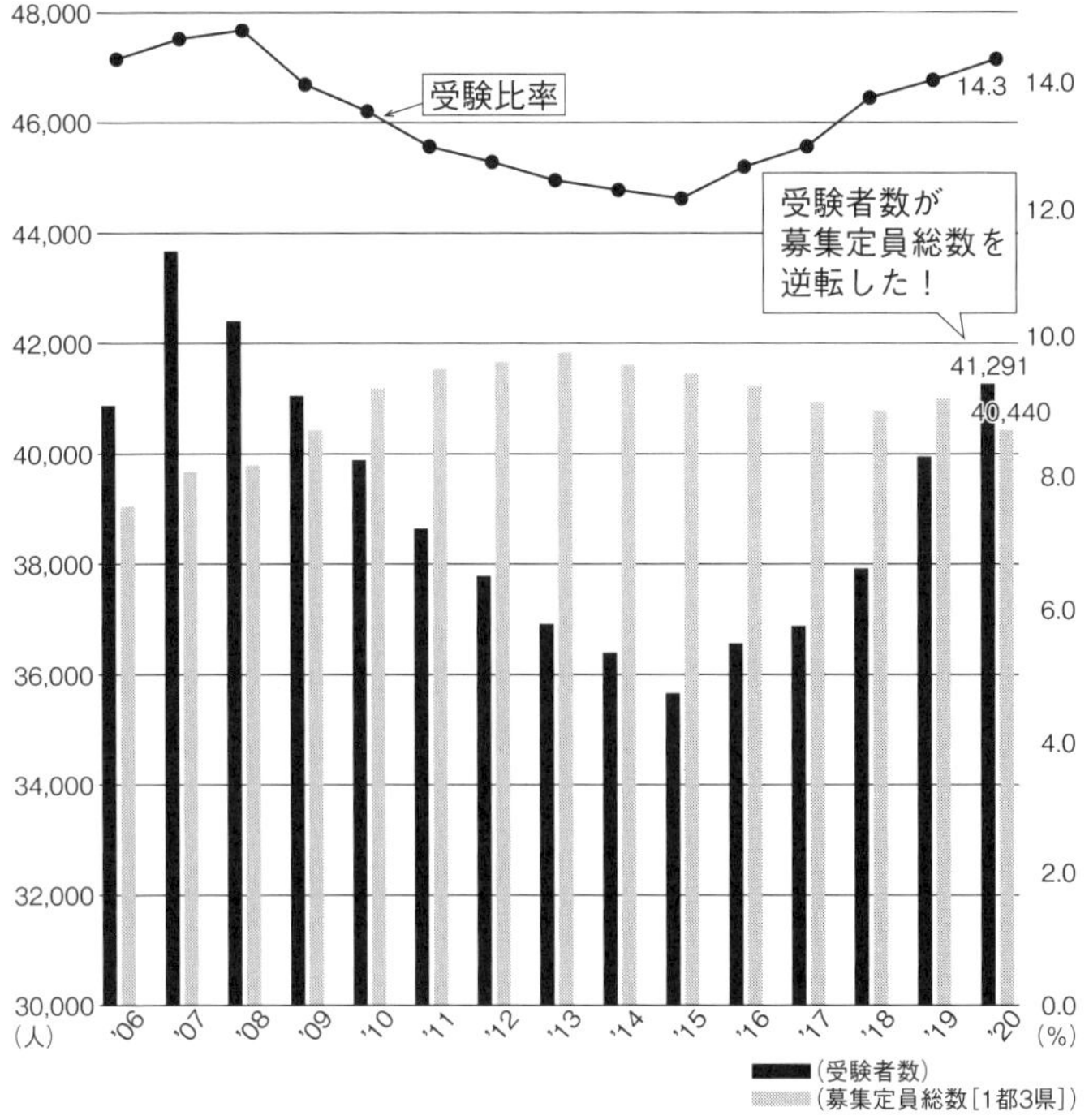

2月1日（午前入試）私立中学受験者数推移と募集定員（１都３県）

年度	２月１日（午前）受験者数	募集定員総数（１都３県）
2020年度	41,291名	40,440名
2019年度	39,959名	41,002名
2018年度	37,939名	40,788名
2017年度	36,893名	40,950名
2016年度	36,585名	41,254名
2015年度	35,655名	41,462名

（データ：上下ともに森上教育研究所）

いのではないかと囁《ささや》かれています。

話を戻しましょう。

これほど激戦の中学入試が終わった後で、なぜ「成功譚」ばかりが伝わってくるのでしょうか？

簡単です。中学受験に「失敗」してしまったと感じている親子は口を噤《つぐ》むからです。たとえ、そのご家庭の「失敗」に誰かが勘付いたとしても、「○○さんのお嬢さん、中学入試で『全敗』なんだって！」などと、他者へ声高に伝える人はいないでしょう（そんな発言をしたら、周囲からその人間性を疑われることになりますね）。

つまり、中学受験というのは「成功例」ばかりが流布されやすい。そういう性質を持つ世界なのです。

だから、わが子が中学受験の道を選択すれば、間違いなくハッピーエンドが待ち受けていると信じ込んでしまう保護者が多いのです。

繰り返しますが、第一志望校合格に辿り着けるのは「三人に一人」もいないのです。換言すれば、「三人に二人」以上は熱望する学校から不合格を突き付けられ、涙を流しています。中学受験とはかくも厳しい選抜がおこなわれる世界なのです。

中学受験ブームを経験した保護者世代

二〇二〇年度の首都圏中学入試は激戦だったと述べましたが、かつて「中学受験ブーム」と形容された時代がありました。いまから約三〇年前、一九九〇年前後のことです。

この時期は、小・中学校の学習指導要領が改訂され、そこに盛り込まれた新学力観への賛否が渦巻いたり、大学入試センター試験が新規導入されたり、公立中学校でいわゆる「偏差値追放」（偏差値による進路指導や業者テストの禁止など）が起こったりしたときでした。

当時の小学生の保護者たちは、揺れ動く公教育に対して不信感を抱いたのでしょう。その結果として、首都圏において私立中学入試に挑む子どもたちの数が激増したのです。

このとき、中学入試を志した「子どもたち」は、いまは四〇代前半。そう、いまの小学生の保護者世代に当たります。自身も中学受験をした経験があるのなら、わが子も同じルートを歩ませたいと考える保護者が多いのは当然のことでしょう。

実際、わたしの塾に通う子どもたちの保護者と面談などをするなかで、「わたしは小学校四年生から中学受験塾に通い始めて、〇〇中学校に進学したのです」などという話を聞く機会が増えています。

付け加えるならば、当時小学生だった「保護者世代」に対して中学受験を勧めたのが、いまの小学生の祖父母たちです。かつて、わが子に中学受験という選択肢を用意した経験を持つ祖父母たちなのですから、孫の中学受験に理解があるだけではなく、その教育費について惜しみない援助の手を差し伸べる傾向にあります。

二〇一三年度の税制改正において創設された「直系尊属から教育資金の一括贈与を受けた場合の贈与税の非課税」の制度もそれに拍車をかけているのでしょう。

このような背景もあり、いまの「中学受験ブーム」が創出されたと考えます。

昭和と令和で序列が激変

保護者世代にとっても身近な「中学受験」。自身の実体験に基づいて、わが子に勉強面だけではなく、進路のアドバイスなどもできそうなものですよね。

しかし、この点については注意を払う必要があります。

保護者世代が経験した「昭和（あるいは平成初期）の中学受験」と、わが子が経験する「令和の中学受験」では、さまざまな側面で変化が生まれているのです。とりわけ私立中学校の序列は当時とはずいぶん様相が違います。

たとえば、次に挙げる五つの男子校を「偏差値レベル」の高い順に並べ替えてください。

巣鴨、暁星《ぎょうせい》、海城《かいじょう》、武蔵、麻布

ちなみに、保護者世代が中学受験に挑んだ当時（一九八五年）の四谷大塚（大規模な模擬試験を主催している大手進学塾）の偏差値一覧に基づいて五校を並べ替えると、「武蔵↓麻布↓巣鴨↓暁星↓海城」の順番となります。

それでは、最新の四谷大塚の偏差値一覧（二〇二〇年）を見てみましょう。

正解は「麻布↓武蔵・海城↓巣鴨・暁星」です。

どうですか？　びっくりされた方もいるでしょう。

保護者世代の受験事情といまの子どもたちのそれは、がらりと様変わりしています。この例に触れただけでもよく理解できるでしょう。すなわち、親のイメージする「私立中高一貫校の序列」が、いまは通用しなくなっているのですね。

保護者世代からすれば「聞いたこともない」学校がいまは大人気を博していることもありますし、かつては名門校と言われていた学校がいまや受験生集めに四苦八苦しているなんていうケースもあります。

次ページに一九八五年度と二〇二〇年度の「首都圏中学入試偏差値上位校」の一覧表を男女別に掲載します。この三五年間の変化をその目で確かめてみてください。

ここでわたしが言いたいことは、保護者世代の「受験常識」をわが子の中学受験に適用するのは危険であるという点です。

そして、「昭和の中学受験」から「令和の中学受験」の変化は学校の序列だけではありません。入試問題で問われるその内容にも変化がありますし、中学入試の制度自体も大きな変動があります。子どもたちの中学受験にとって不可欠な存在である塾のシステムや位置づけも、かつてとは様相を異にしています。

わが子には「限界」がある

先ほど、中学入試の噂話で登場するのは「成功譚」ばかりであると申し上げました。これは何も親のネットワーク内だけの話ではありません。

書店に足を運ぶと、中学受験関連の書籍が溢《あふ》れています。「三ヵ月で偏差値を一五伸ばした！」とか「こうしてわが子は逆転合格を果たした」とか、そういう類《たぐ》いの「成功体験」が

首都圏中学入試の偏差値上位校はどう変わったか

（男子）

偏差値	1985年度	2020年度
73	開成　筑波大附駒場	筑波大附駒場
72	武蔵　栄光学園　慶應普通部	
71	慶應中等部	開成
70	麻布	聖光学院　渋谷教育幕張
69	駒場東邦　学大世田谷　筑波大附	
68	聖光学院　巣鴨　学大竹早	麻布
67		栄光学園
66	早稲田　桐朋　暁星	駒場東邦　筑波大附　渋谷教育渋谷
65	学大大泉	慶應湘南藤沢
64	学大小金井	海城　武蔵　浅野　慶應中等部 早稲田　慶應普通部　市川
63	海城	早大学院　早稲田実業
62	早稲田実業　立教	本郷（２回）
61		攻玉社（２回）　桐朋（２回）　東邦大東邦
60		サレジオ学院　立教新座　明大明治

（女子）

偏差値	1985年度	2020年度
73	慶應中等部	
72	学大世田谷　筑波大附	渋谷教育幕張
71		
70	桜蔭　女子学院　お茶の水女子大附	桜蔭　女子学院　豊島岡女子学園 慶應中等部
69	フェリス女学院　雙葉	渋谷教育渋谷　筑波大附
68	白百合学園　青山学院　学大竹早	雙葉　早稲田実業　慶應湘南藤沢
67		お茶の水女子大附
66	東邦大東邦　東洋英和女学院	市川
65	学習院女子　立教女学院　晃華学園 学大大泉	フェリス女学院　洗足学園　浦和明の星 青山学院　広尾学園（２回）
64	日本女子大附　成蹊	東邦大東邦
63	学大小金井	明大明治　白百合学園
62	聖心女子学院	
61	共立女子	鷗友学園女子　頌栄女子学院　吉祥女子 立教女学院　広尾学園
60	横浜雙葉	栄東

※1985年度の表は、1984年の四谷大塚在籍生の成績データと1985年入試における合否結果を四谷大塚の現在のシステムで再集計し、その結果より算出した合格可能性80%ラインを表したものです。

※2020年度の表は、2020年12月に実施された四谷大塚・第６回合不合判定テスト受験者のデータに基づいて算出された合格可能性80%ラインを表したものです。午後入試や単科入試、特別選抜などの回は省いています。

語られている本がずらりと並んでいます。

そんな本に目を通していると、中学受験という道を選択するだけで、わが子の「明るい未来」が見えてくるような気がしてきます。

進学塾のパンフレットだって同様です。

中学受験で第一志望校を見事に射止めた子どもたちの「合格体験談」が幾つも掲載されていたり、その塾に入ることで子どもたちの成績をいかに効率よく伸ばせるかというシステムが紹介されていたりしますね。さらに、その進学塾の「入塾説明会」に参加したら、講師陣が語る中学受験の「素晴らしい」世界に引き込まれ、思わず目頭が熱くなることもあるでしょう。

そんな保護者はこんなことを思うのです。

「子どもの可能性は無限大。中学受験を活用することで、わが子の学力を飛躍的に伸ばして志望校に合格させたい」

わが子が将来どういう道を歩むのか、予想はできません。そういう意味で「子どもの可能性は無限大」というのはあながち間違いではないでしょう。

しかし、です。中学受験でどれだけ「学力が伸びる」のか、わが子が「どのレベルの学校に合格できる」のか、それぞれの子どもたちに「限界」はあるのです。

中学入試はペーパー試験の合計得点で合否が決まる世界です。そういう意味では推薦入試が跋扈《ばっこ》している高校入試や大学入試と比較すれば「フェアな世界」であると形容することができます。

それでは、ペーパー試験の合計得点が数点足らず、惜しくも志望中学の合格を逃してしまった子どもたちは「がんばって」いなかったのでしょうか。いえいえ、彼ら彼女たちは連日のように塾に通って学習に励んでいた子たちばかりです。がんばってきたに決まっているじゃないですか。

しかし、その「がんばり」が結果として報われないこともあるのが、中学受験の世界です。

模擬試験の偏差値だってそうです。

塾通いをすれば「偏差値」はぐんぐん伸びていきそうなものですが、そんな単純にはなかなかいきません。偏差値とは「相対評価」です。周囲の「がんばり」と自身の「がんばり」が同程度であれば、自身の偏差値は何も変わらないのです。

中学受験は「六年生の入試本番終了日」までの「期限付き」の世界です。期限付きだからこそ、そこにはいろいろな「限界」があるのです。

甚《はなは》だ逆説的ですが、この「限界」を十分に意識してわが子に接している保護者の子どもは、中学受験勉強に専心する中でぐんぐんと学力を高められるように感じています。一体それはどういうことか。本書を一読すれば理解してもらえるでしょう。

結果責任の一端は「親」が負う

「中学受験は親の受験」と言われることがあります。

わたしから言わせれば、「半分は正解で、半分は間違い」です。

中学受験勉強の主体は紛れもなく子ども本人です。親がいくら熱心に声をかけようが、いかなる敏腕講師が指導を受け持とうが、本人に「その気」がなければ新しい知識をスポンジのように吸収していくことは不可能です。

某大手塾のキャッチコピーで「やる気スイッチ」ということばがCMで流れていますが、もしその種のスイッチが子どもたち各人に備わっているのだとしたら、そのスイッチを周りにいる大人が直接的に押してやることはできません。子ども本人が自ら押すしかないのです。

一方で、子が中学受験勉強に積極的に打ち込んで、成績を伸ばせる環境を構築するのは、わたしたちのような「進学塾」であることには異論はありませんし、その環境を用意したり、整備したりしてやれるのは「保護者」しかいないのです。

中学受験の合否結果はその主人公である子ども本人の身に振りかかるものですが（実際に通学するのは子ですから）、その結果責任の一端を負うべきは、これから先も子どもと付き合っていく保護者であるとわたしは考えます。

申し訳ありませんが、わたしたち塾講師はその結果に責任を負うことは不可能です。先ほど申し上げましたが、「合格」があれば「不合格」もあるのが中学受験の世界です。全員を第一志望校に合格させるなどとは口が裂けても言えません。

そして、塾に通う彼ら彼女たちとは、「六年生の入試本番終了日」までの「期限付き」の付き合いにしかならないのです。

令和の中学受験の「新常識」

親は子の中学受験結果の責任の一端を担わなければならないと申し上げました。塾講師のわたしがそう高言するのであれば、子の中学受験に携わる小学生保護者の皆さんに「令和の中学受験」の世界について、これまでの指導経験を踏まえ可能な限り率直に伝えていくべきだろうと考え、本書の執筆をするに至ったのです。

本書の構成について簡単に説明します。

第一章　中学受験向きの子、不向きな子

わが子は果たして中学受験すべきなのか？　そんな悩みを抱えている保護者がいらっしゃるでしょう。中学受験に向いている子、そうでない子をどのように判断すればよいのでしょうか。中学入試に向けたその過程（中学受験勉強）の意義や保護者の役割などに言及しながらこの点を説明していきます。

第二章　志望校の選び方

私立中高といっても、その形態や教育内容はさまざまです。保護者はどのような観点で、わが子の学校選びをすべきなのでしょうか。保護者世代がイメージする受験地図とは、いまや大きく変化しています。この点に触れつつ、学校選びにおけるポイントとその留意点に言及します。

第三章　中学受験塾という世界

中学受験生の大半が進学塾に通って、入試に向けた準備をおこないます。どのような種

類の中学受験塾が存在しているのでしょうか。わが子に合った塾はどこにあるのかを探している保護者のガイドになるように仕上げました。

第四章　中学受験期の親子関係

わが子の中学受験に、保護者は適度な距離を保ちながら寄り添わなければなりません。保護者のふるまいひとつで、子が中学受験勉強を通じて大きく成長することがある一方、挫折してしまうこともあるのです。

わたしが見聞きした具体的事例を挙げながら、中学受験にあるべき保護者の姿勢について語っていきます。

終章　令和の中学受験

第一章から第四章で語った内容を総括するとともに、このたびのコロナ禍が中学受験に与える影響を予測します。そして、本書のタイトルを『令和の中学受験』と名付けたその意味について言及します。

二〇二〇年度の中学入試は大激戦が繰り広げられたと述べました。

まさに「中学受験ブーム」がいま起こっていると見ることができます。いかなるジャンルであれ、何かが「ブーム」になると、それに乗じて「まがい物」が混入したり、誤った常識が流布したりするものです。それらを「不純物」と総称してもよいでしょう。たとえば、近年の「健康ブーム」などを思い浮かべると頷《うなず》けるのではないでしょうか。

中学受験もその例外ではありません。

いまの中学受験の世界には、さまざまな「不純物」が含まれているように感じています。本書の内容に目を通すと理解してもらえるでしょうが、その「不純物」の大半は学校や塾、保護者たちのいわば「大人の都合」で生み出されたものばかりです。

冒頭で挙げた「小学校から姿を消したA子さん」は、親子ともども中学受験の世界に含有される「不純物」に呑み込まれてしまった一例でしょう。

本書を著すにあたって、わたしはこれらの「不純物」から目を背けずに、あるべき「令和の中学受験」を提唱したいという思いを強くしています。

なお、本書で取り上げているのは主に首都圏にある学校や塾ですが、わたしの言わんとすることは地域に関係なく適用できる汎用性の高いものと自負しています。

わたしは大手進学塾で一三年間、自塾を起業してから一四年間、計二七年にわたって中学受験の世界に身を置いていますが、この世界にはさまざまな種類の「それは言わない約束」「不文律」が幾つも存在します。本書ではそれらについても正直に語っていきたいと考えています。

ひょっとしたら塾経営者であるわたし自身の首を絞めるようなものもあるかもしれませんが、それでも構いません。中学受験で悲しい思いをしたり、後悔したりする親子を一組でも減らしたいのです。

中学受験は利用法を間違えさえしなければ、子どもたちがすばらしい財産を得られる世界だと、わたしは確信しています。だからこそ、わたしはいまでも中学受験生たちの指導に日々明け暮れているのです。実に楽しく、やり甲斐のある仕事だと感じています。

「令和の中学受験」が保護者にとって、そして子どもたちにとってよりよいものになるよう願いを込めて書きました。

それでは、始めましょう。

第一章　中学受験向きの子、不向きな子

【この章のポイント】
●学力が伸びる子の家庭環境とは
●塾通いの前にやっておくべきこと
●親には三つの「覚悟」が求められる

入学後に伸びる子、転落する子

保護者がわが子に中学受験させるべきか否かを考え始めるとき、「わが子は果たして中学受験に向いているのか、あるいは向いていないのか」と悩んでしまうものです。

そこで、この章では「中学受験向きの子、不向きな子」とはそれぞれどういうタイプなのかを考察します。

この種の不安や悩みを保護者から耳にするときや、自塾の説明会に臨むとき、わたしは決まって次の話を紹介します。

神奈川県の有名男子進学校で教鞭を執る友人と食事をしていたとき、彼からこんな問いかけがありました。

「ウチの学校は偏差値七〇を超えるだけあって、入学当初の生徒たちは本当に優秀だよ。あの入試問題で合格点を上回ったのだから。でもね、毎年のことだけれど、中学校一年生の夏休み明けには、学力が『伸びる子』と『落ちる子』に二極分化する。どうしてそうなるのか？　両者の違いって分かる？　ヒントは小学生のときの学習姿勢……いや、学習環境といってよいかもしれない」

わたしは即座に返答しました。なぜなら、彼だけではなく、数々の私立中高教員から同種の話を耳にしていたからです。

そのわたしの回答に彼は頷きました。

「そう、全くその通り。子どもベッタリの親は本当に困るんだよねえ」


彼が言いたいのはこういうことです。

保護者が子のスケジュール管理のみならず、教材の整理整頓、取り組んだ課題の丸つけや、ときには子に寄り添って解説をしてやる……。そんなふうに中学受験を「二人三脚」で乗り切ったようなご家庭の子は、中学入学後に学力が低迷するというのです。

一方、親はわが子の中学受験勉強から適度な距離を保ち、子どもが自ら学習にコツコツ励んでいる……そういうご家庭の子は中学入学以降にさらに学力を高めていくらしいのです。

「新御三家」と形容される世田谷区の男子進学校の先生が、わたしの塾の講演会に登壇した際、保護者に対して、「ちょっと過激」に感じられるこんな物言いをしていました。

「中学受験に挑む保護者の皆さんにお願いしたいことがあります。もしわが子の受験勉強にぴったり寄り添っているのなら、できれば入試まではそのスタンスを変えてほしい。もしそれを変えられないというのなら、大学受験まで同様のスタンスを貫いてほしいのです。皆さんにその覚悟がありますか？」

二人の私立中高教員の話を挙げましたが、両者とも言わんとしていることは一致しています。子の学力的な成長を考えれば、親は「子離れ」すべきだというのです。

志望校合格はゴールではない

この二人のことばから理解できるのは、中学受験には子の「自立」が大切であるという点です。

一方、保護者はよかれと考え、わが子の中学受験勉強に手取り足取り携わろうとするものです。子どもがある単元につまずいたときや、成績が目に見えて下がってしまったときなどは、つい手を差し伸べたくなるものですよね。

しかし、ここで立ち止まって考えてほしいのは、保護者は「何」のために子の面倒を見ようとしているのかということです。

「そんなの志望校の合格のために決まっているじゃないか」

そんな声が聞こえてきそうですね。

その通りです。保護者の大半は子の志望校合格を願って中学受験勉強に関与します。ただ、それだと保護者にとって「志望校合格」がゴールになってしまうのです。

実際、先の二人の教員が勤めているのは首都圏屈指の難関校です。ですから、この話は保護者が子の中学受験勉強に密着したことが功を奏して、難関校の「合格」を手繰《たぐ》り寄せるケースがたくさんあることを示唆しています。

わが子の「志望校合格」が保護者にとっての最終到達地点とするならば、「大成功」を収めたのだといえます。

しかしながら、保護者にとってはゴールでも、子にとって「志望校合格」は中学生活の始まり、新しい学びへと取り組む転換期です。

小学生のときには常日頃から保護者がそばにいてくれて、すっかりそこに依存して勉強を進めていたようなタイプの子が、中学入学と同時に突如手を離されてしまう……そうなると、どうやって中学の勉強をこなしていけばよいのか分からず、途方に暮れてしまう。

だからこそ、中学校一年生の夏休み明けには中学受験勉強で得た「貯金」を使い果たしてしまい、学力的に苦しんでしまう子が続出するのでしょう。

「自立」した子は中学入学以降も伸びる

それでは、保護者に頼らず、「自立」して中学受験勉強に励んできた女の子の実例を紹介しましょう。

彼女は小学校四年生のときからわたしの経営する塾で学び始めました。塾に通い始めてすぐに彼女は高い壁にぶつかってしまいます。「算数」に強烈な苦手意識を示してしまったのです。

彼女は小学校六年生になっても相変わらず算数を不得手にしていました。ただ、受験学年になると、彼女はわからないことをその日のうちに解消すべく、担当講師を「活用」し始めたのです。

「先生、さっき説明してくれたこの問題の解き方をもう一度教えてください」

塾に来るたびに、そんなふうに質問する彼女の姿が目に入りました。

彼女の凄いところは、妥協することをよしとしないその姿勢です。自分が納得できなければ、食い下がってきます。

「先生、それだとまだよく理解できません。もう一度説明してもらえませんか」

当初の彼女の第一志望校は豊島岡《としまがおか》女子学園でした。しかしながら、模擬試験のデータに目を向けると、彼女の合格可能性は低いと言わざるをえませんでした。何より彼女の苦手科目の算数が足を引っ張ることは目に見えていたからです。

そこで、本人や母親と相談した結果、第一志望校を吉祥《きちじょう》女子に変更したのです。それでも彼女にとってはやや難しい学校ではあったのですが。

入試出願のタイミングで、彼女はこんなことをわたしに提案してきました。もし二月一日の吉祥女子に合格したら（入試当日の夜に合格発表がある）、憧れていた豊島岡女子学園にチャレンジしたい、と。

彼女は無事、第一志望校の吉祥女子に合格。翌日は晴れて豊島岡女子学園に挑戦することになったのです。

豊島岡女子学園は二月二日、三日、四日と計三回の入試を設けています。回が進めば進むほど、難度は上がるし、入試実質倍率も高くなる傾向にあります。

彼女はその一発目の入試で不合格になりました。合格発表は入試当日の夕刻。残念な知らせにもめげることなく、彼女は持ち帰ってきた入試問題を解き直し、分からない問題は講師をつかまえて質問攻めにしていました。

翌日の入試も不合格。夜遅くまで塾に居残り、入試問題をやり直して、疑問点はその場で片付けるという姿勢は前日までと全く変わりません。

最終決戦の二月四日。豊島岡女子学園の第三回入試を迎えました。

そして、その日の合格発表で見事彼女は栄冠をつかんだのです。

この話には後日談があります。

そう。彼女は第一志望校として決めていた吉祥女子と、憧れの豊島岡女子学園のどちらに進学すべきか悩んでいたのです。

豊島岡女子学園の合格が判明した翌日、彼女は結論を伝えにわたしのところに顔を出しました。

「わたし、豊島岡女子学園に行きます」

「おめでとう。豊島岡女子学園はレベルが高いし、理系科目を得意にしている子が大勢いるよ。大丈夫かい」

そう尋ねたわたしに彼女は微笑みました。そして、こう言い切ったのです。

「大丈夫！　だって、わたし勉強好きだもん」

こんなふうに胸を張って言えるのは、彼女が自立した学習姿勢で中学受験勉強に臨めたからでしょう。

そんな彼女は、中学入学以降もぐんぐんと学力を伸ばしていると聞いています。

学力差はいつから生まれるか

話題を変えて、中学受験勉強はいつごろスタートするのが平均的なのでしょうか。

中学受験生の大半が小学校三年生〜四年生に進学塾に通い始めます。

多くの進学塾では最初に「入塾テスト」が実施されます。学力的に厳しいのであれば、中学受験を目指すための進学塾にすら入れないこともあるのです。
この「入塾テスト」。驚くべきは最初から子どもたちに大きな学力差が生じていることです。しかも、成績優秀な子がそれまで別の塾で「下積み」をしているとは限りませんし、小学校低学年から塾漬けの子であっても、厳しい結果になってしまうこともあります。

四谷大塚が年に二回、全国規模で開催している「全国統一小学生テスト」という無料の模擬試験があります（わたしの塾も実施会場になっています）。幼稚園の年長組から小学校六年生までを対象にしていますが、年長組や小学校一年生といった低学年であっても、その学力の開きはかなり大きいのです。

小学校に入ったばかりというのに「偏差値三〇」などの数値的評価を突き付けられる子もいます。何だか酷な気がしますが、これが現実です。この模擬試験も先に挙げた入塾テスト同様、数値的結果と塾通いしているか否かの相関関係はあまり見られません。

こういう話をすると、「先天性」なんて表現が頭をかすめてしまいます。しかしながら、わたしはその手の専門家ではありませんし、「素質」とか「遺伝的要素」なんて言い出したら、そもそも話の大半は終わってしまいます。塾講師としてこの見方に抗い、学力格差が生じる要因を探っていきたいと思います。

語彙の増やし方

中学受験スタート時に、個々人の学力差がついている要因の一つとして、それまでその子が過ごしてきた「環境」を無視することはできないと、わたしは考えています。

わたしは国語を指導していますが、塾に通い始めたばかりの子たちを観察すると、毎度痛切に感じられるのは、子どもたち一人ひとりの「語彙《ごい》」の多寡《たか》についてです。男の子だから幼いとか、女の子だから精神年齢が高いとか、そういう単純な図式が見られるわけではありません。男の子でも高いレベルの語彙を使いこなしているケースはよくありますし、反面、語彙の乏しい女の子もいます。

なぜ、このような差が生じているのでしょうか。


一例を挙げてみましょう。

中学入試で青山学院に合格、進学した女の子が小学校六年生のときの話です。

彼女は算数に苦手意識を持っていたものの、国語は好成績を誇っていました。そして、特筆すべき点は、その好成績を支えているのが、彼女が有していた大人顔負けの「語彙」にあったことです。

わたしが授業をしているときの話です。席を並べている子が見当外れの発言をした際に、隣の席の男の子がちょっとニヤリとしました。

それを見逃さなかった彼女はこの男の子に対してこう言い放ったのです。

「あなたって、こういうとき性格が悪いよね。まあ、『人の不幸は蜜の味』って言うから、その気持ちは理解できるんだけどさ」

ことばの意味が全然理解できなかった男の子は、鳩が豆鉄砲を食ったような顔をしていました。

また別の日のことです。

授業の終わったあと、わたしは小学校六年生の集団に駅まで付き添って送っていました。わいわいと楽しく帰宅するその道中、とある男の子が虚勢を張って誰にでも分かるような嘘をついたことがありました。

「あなたさあ、『三味線弾いた』ってそんなの周りはすぐにわかるからね！」

彼女は大声で男の子に向かってこう叱りつけたのです。男の子だけではなく、周囲のみんなは誰もその表現の意味が理解できず、場がシーンと静まり返りました。

「三味線を弾く」には、「相手の言うことに適当に調子を合わせて聞く」「事実とは違うことを言ってその場をごまかす」という二つの意味があります。彼女は後者の意味でこの慣用表現を用いたのですね。これは麻雀でよく使われることばです（「三味線行為」などと言います）。

この豊富な語彙を有する彼女の家は雀荘を経営していたのです。

彼女の母親と面談をしていたときに、彼女が幼少期から麻雀の卓を囲む大人たちのそばで過ごしていたことを聞きました。

麻雀に興じる大人たちはビジネスの話や家庭の話題などいろんな会話を交わしていますが、彼女は小さな頃からそれらに聞き耳を立てていたのです。

彼女はこのように大人に囲まれて育った環境があったからこそ、結果として高い語彙レベルを身に付けるようになったのでしょう。

もちろん、この例は極端なものです。しかし、中学受験以前に子どもたちが過ごす環境がいかに大きな影響を与えるのかを示す好例ではないでしょうか。

国語が得意な子の「家庭環境」

それでは、保護者がわが子にどのような環境を用意すれば、中学受験勉強を順調にスタートすることができるのでしょうか。ここでは「国語」という科目に限定して説明します。

毎年、わたしは自塾で国語を指導する子どもたちに、どのような活字体験をこれまで積んできたか「聞き取り調査」をしています。
その結果、国語を得点源とする子の幼少期に共通していたのは次の点です。

1. **保護者とたくさん会話をしている**
2. **絵本がたくさんあり、保護者からそれらの読み聞かせをよくしてもらっている**
3. **家庭が新聞を購読している**

1については、「話し上手」より「聞き上手」の保護者のほうが、子どもがより多くのことばを獲得しているように感じています。一方的に保護者から会話を聞かされる子は、ことばをアウトプットする機会を奪われて、使いこなせることばの範囲が狭くなってしまうのだと考えます。

数多くの保護者からも直接「聞き取り調査」をおこないましたが、大切なのは子どものレベルに無理に合わせずに話をすること。言い換えれば、大人のことばであえて会話することも、子どもたちの語彙力向上に効果があるということです。また、その家庭環境を構築するのはいまの時代にあって難しいでしょうが、祖父母と同居している子も国語が得意になる傾向にあることが分かりました。

2は家庭によってその差が顕然《けんぜん》とする点です。子ども用の本棚に何冊の絵本が並べてありましたか？　幼少期の「絵本体験」はその後の文章読解能力の行方を左右します。

たとえば、物語文を読むときに、その場面が頭の中で具体的にイメージできるような子は、その文章の内容理解がとても速いように感じています。あるいは、比喩表現や暗示表現の指示していることが瞬時に呑み込める子は、イメージング能力に優れている傾向にあります。「絵」と「文章」を結びつけてきた幼少期の体験が深く関わっているのですね。加えて、保護者からさまざまな絵本の「読み聞かせ」をしてもらった子の大半は音読が得意です。

3は一見、幼少期には何の影響も及ぼさないように思えますが、そうではありません。毎朝、テーブルの上に新聞が置いてある……それを何の気なしに眺める日々を積み重ねていくと、自然といろいろな表現に出合えたり、難しい漢字に慣れ親しんだりすることができるのです。加えて、保護者自らが新聞に目を通す姿を子に毎日見せるのも、子が新聞に興味を抱くきっかけになります。

科目別・塾通いの前にやっておくべきこと

中学受験以前の「家庭環境」の重要性を説くために国語を実例として挙げましたが、ほかの「受験科目」（算数・理科・社会）についても見ていきましょう。何か特別に準備することがあるのでしょうか。

わたしの知人で小中学生に算数・数学を指導している方がいますが、彼の二人の息子さんは数学が得意で、ともに難関校に進学しています。

その知人から聞かされたことでわたしの心に残っているのは、「親は子の幼少期にいかに数的感覚を磨かせられるかを意識して行動すべきだ」という発言です。

たとえば、彼は子どもたちが小さいころ、一緒にお風呂に入りながら、必ず風呂から上がる時間を秒単位で数えていたとのこと。

最初は「一、二、三、……」から始めるのですが、途中から「六〇、五九、五八、……」と数字を逆から読み上げるよう切り替えたという工夫を教えてくれました。

話を戻します。

小学校三年生から中学受験のための塾通いを始める子に、事前に学習経験しておいてほしいことを次にまとめました。

算数

1．小学校の学習指導要領内の計算技術を身に付けること（百マス計算も有効）。「九九」

をちゃんと暗記すること

2．日常生活の中で出てくる「長さ」「重さ」「かさ」などの単位に多く触れること

理科

1．家の中の手伝い、たとえば料理の補助などをおこなう経験をすること

2．テレビニュースの天気予報などを毎日チェックすること

3．博物館やプラネタリウムなどの学習施設に足を運ぶこと

社会

1．家族旅行などをするときに、地図を見るクセを付けること

2．朝のテレビニュースを見る習慣を付けること

これらを見て、どうお感じになりますか？「あれ、そんなにたいした学習経験は求められていないぞ」と思われるのではありませんか？

そうなのです。中学受験に挑むことになるからって、特別な何かをわが子に講じる必要はないのです。

ただし、先の国語を含め、こうした学習経験を幼少期から徹底し、やり続けることは、実はハードルがかなり高いのではないだろうかと、わたしは考えています。

準備に出遅れたらどうするか

ここまで読んで、「ああ、わが子はもう小学生の折り返し地点にいるのに、こんな学習経験はほとんどさせていない。もう取り返しがつかないので、中学受験は回避したほうがよいのだろうか」と落胆される保護者がいるかもしれません。

確かに、中学受験のスタートを切る上で、これらの学習経験の有無はその時点での学力差に大きく関わってきます。

しかし、中学受験勉強を始めてからでも、学習の「遅れ」を取り戻すことは十分可能です。実際、塾に通い始めたころは学力的に低迷していた子が、その後ぐんと成長して、俗にいう難関校に合格する事例だって枚挙にいとまがありません。

過去を振り返って悔恨の念にかられても何も生み出しませんよね。

それでは、「出遅れて」しまった保護者は、わが子とこれからどのように接していけばよいのでしょうか。

たとえば、国語の漢字や知識、算数の計算問題などについて、塾から課されたテキストやプリント類に毎朝取り組ませるといったルーティンを構築したうえで、最初は付きっきりで解説をしたり、丸つけをしてやったりする必要があります。「何曜日の何時、何に取り組むか」といったスケジュール管理をしてやることも忘れないようにしたいものです。

これってかなり骨の折れることですよね。しかも、子の「自立」という観点からは真逆のベクトルの接し方であるように思います。でも、仕方がありません。これまでわが子に適度な学習経験を積ませてこなかったわけですから、保護者がその「ツケ」を払わなければならないのは当然です。

そして、塾がその肩代わりをすべてやってくれるという期待は、甘いと言わざるを得ません。中学受験に向けて塾通いが始まる小学校三年生、四年生は、通塾日数も週一〜二日程度で、授業時間も短いところが多いでしょうから、保護者がわが子の学習に付き添う時間を捻出しないといけません。

その際、気をつけなければならないのは、学習に取り組んでいるわが子を感情的に叱りつけてはならないということです。

保護者に叱られれば叱られただけ、子は勉強を「やらされている」という受け身の感覚が増幅してしまいます。さらに、保護者が感情を剥き出しにして子に勉強を強制すると、子は

「親のために勉強させられている」という思いを強く抱いてしまいます。勉強が「苦役」と感じられるようになってしまうのですね。これは中学受験云々の次元ではなく、その後の子の学びを阻害するきっかけになりかねません。

中学受験に取り組むわが子の一挙手一投足すべてが気に入らない、イライラが抑えられない……そんな保護者がいれば、それはもう中学受験などしないほうが賢明な選択でしょう。

そのような保護者に多く共通しているのは、ご自身こそが勉強が「苦役である」「好きではない」と思い込んでいるタイプであるという点です。

「受験して良かった」と言えるために

中学受験のスタートで「出遅れた」場合に、保護者はどうすべきかを説明しましたが、この手の話をするときに、約一〇年前に自塾に通った男の子の姿が、わたしの脳裏にきまって浮かびます。

この男の子がわたしの経営する中学受験専門塾に通い始めたのは小学校四年生の初めのことでした。

まず、彼はクラス授業を体験受講したのですが、そのとき担当した講師から、わたしはこう告げられました。

「正直、あの子は集団授業では付いていけません。こちらの説明の一割も理解することはできないでしょう。それくらい学習が遅れてしまっているのです。こちらからの問いかけにも一切反応しないのが気がかりですね」

わたしはすぐにご両親と面談する機会を設けました。ご両親曰く、子の学習面にこれまで関与することをせず、ここまで来てしまったこと……。小学校の授業内容に付いていけないこと……。それでも、わが子の消極的な性格では公立中学校の内申点で厳しい評価を下されるのは間違いなく、中学受験の道を考えるに至ったこと……。

ご両親ともこの状況を招いてしまったことを心から反省しているようでしたし、学習計画管理や宿題チェック、丸つけなど、これからはわが子の中学受験勉強のサポートをしっかりおこなうと約束してくれましたので、指導を引き受けることにしました。

ただし、最初は集団授業ではなく、一対一の完全個別指導です。「算数」「国語」の二教科から指導を始め、五年生になったらこれに「理科」「社会」を加えていく……そして、四教科とも最低限の基礎知識を身に付けた段階で集団授業に合流してもらうというプランを立てました。

彼の個別指導ですが、国語は文章の音読、算数は四則演算の基礎トレーニングから始まりました。担当者が言うには二学年下の学習レベルであっても苦戦していたそうです。

ご両親の支えが功を奏したこともあり、彼はゆっくりとではありますが、基礎学力を身につけていきました。そして、予定通り五年生から四教科の学習に取り組み、その年の途中から集団授業に無事合流することができました。

印象的だったのは、彼は社会（地理分野）の勉強が好きになったらしく、社会の授業のときだけ、ぽつりぽつりとではありますが、発言をするようになった点です。


とはいえ、中学受験者の学力分布の中で、彼はかなり低い位置にありました。

六年生前半の大手塾主催の模擬試験の偏差値は四教科総合で約三〇。後半には何とか一〇ポイントほど伸ばして、中学入試本番を迎えました。保護者は中学入試の間際まで、彼の学習管理に付き添っていました。

結果的に彼は第一志望校の中堅男子校に合格、進学しました。

そこから何年もの月日が流れました。

ある日、その彼が塾に突然電話をしてきたのです。用件を聞くと、大学受験が終わったので、その報告に塾へ来訪したいということでした。電話に出たわたしがびっくりしたのは、彼が嬉しそうにハキハキと話をしてくれたことです。まるで別人です。

その数日後、背も高くなってすっかり大人びた彼が塾にやってきました。彼の第一声。

「先生、俺、慶應（義塾大学）の経済（学部）に合格しました！」

聞けば、中高生活はとても楽しく、意欲的に学べたそうです。

わたしがとても嬉しかったのは、彼からこんなことばが聞けたことです。

「中学受験して良かったです。落ちこぼれでしたが、社会を好きになったのが一番の思い出です。だって、それまで何かに夢中になるなんてこと、なかったですもん」

親はどこまで関与すべきか

この男の子の事例は、先に紹介した豊島岡女子学園に合格した女の子と正反対のように一見思えます。最後の最後まで保護者が彼に付き添いつつ、中学入試本番を迎えたのですから。「自立」とは程遠い状態にあると感じられるでしょう。

しかしながら、中学入試に至るまでの過程は違っても、勉強が好きになれたという点は両者とも同じですよね。

この男の子が「社会が好きだ、得意だ」と感じられるようになったのは、周囲から押し付けられたわけではなく、彼自身、自然とそう思えるようになったからです。言い換えれば、これも「自立」の一形態と見なせるのではないかと考えます。

大切なのは、中学受験をスタートする際に、わが子の「学習状況」がどのレベルなのかを保護者が冷静に把握、理解することです。子の学力を過大評価したり、過小評価したりしないように第三者（たとえば、塾講師など）の声に耳を傾けたいものです。

この点をまとめてみましょう。

子が中学受験勉強をスタートする際に保護者に求められるスタンスは次のようになります。

中学受験勉強スタートに際して準備万端の子→保護者は早期にわが子が「自立」して中学受験勉強をできるように働きかけていく。

中学受験勉強スタートに際し「出遅れて」しまった子→保護者は子の学習に付き添い、手助けしてやりながら、徐々にその手を離し、子の「自立」を促していく。場合によっては、中学入試直前まで保護者が積極的に携わっていくという覚悟を持つ。

ここまで読んでお分かりでしょう。中学受験「以前」の学習経験の深浅《しんせん》如何《いかん》で、保護者が子の中学受験勉強に関与する度合いが相当異なってくるのです。もちろん、子どもたちそれぞれの特性もこの点に大きく関係してきますので、単純な図式を描くのは難しい話ではありません。

親には三つの「覚悟」が求められる

わが子が塾に通い始めて、中学受験のための学習に打ち込む中で、さまざまなトラブルが生じます。むしろ中学受験勉強が順風満帆にいくなんていうケースはめったにないでしょう。

それらのトラブルの詳細は後の章で言及しますが、子の中学受験を「後押し」することを一度決めたならば、保護者はある種の覚悟を持たないといけません。

その一つ目はすでにここで申し上げています。

中学受験のスタート時点で学力的に苦しんでいる子の保護者は、子の学習面に対して、長い時間寄り添う覚悟が必要だということですね。

では、それ以外に保護者に求められる「覚悟」とはどういうものがあるのでしょうか。

わたしが特に大切だと考えているものを三点列挙します。

1．わが子の成績にその都度一喜一憂しないこと

塾の確認テスト、あるいは、模擬試験などで成績に波が生じるのは当たり前です。たとえば、悪い結果になってしまったときに、保護者が子に負の感情をぶつけるのは言語道断です。

2．中学受験をすると一度決めたら、よほどのことがない限り意志を貫徹する

中学受験勉強はかなりの時間を要します。とりわけ小学校五年生、六年生の二年間は塾の授業時間、予習復習に取られる時間が膨大であり、ある意味「自由時間」はほとんど確保できません。

子がそれだけの労力をかけているにもかかわらず、成績低迷などを理由に中学受験を断念させるのは、子どもにとって酷なふるまいになることが多いのです。加えて、「○○中学校のレベルに達しなければ公立中学校」という考えも捨て去りましょう。

親が子の中学受験勉強をリセットさせ、目標を高校入試に切り替えさせることは、結果として子の「時間」をさらに奪うことになるのです。

3．中学受験勉強で四苦八苦するわが子を「かわいそう」だと思わない

わが子の成績が芳《かんば》しくないとき、塾の宿題が思うように進まず苦しんでいるとき、または、中学受験のプレッシャーに圧《お》し潰《つぶ》されそうなとき……。保護者が心の内で葛藤や悩みを抱えるのはごく自然なことです。しかし、そんなわが子に対して「かわいそう」という感情を持たないでほしいのです。

保護者が勉強を「苦役」と見なしているということですし、そのような価値観は子に伝播するものです。すなわち、保護者が子に同情の目を向けることで、わが子が勉強以外の「逃げ道」をつい探してしまう。結果として、勉強に身が入らなくなってしまう。そういうわが子を見て、また気の毒に思ってしまう……そんなループに嵌《はま》ってしまうと、学力を向上させるのは難しくなってしまいます。

わが子が中学受験勉強に励むことで、「多くの知識を獲得して、視野を広げる」きっかけを得られるのです。中学受験に対しては、こういう前向きなスタンスを常に持っておくべきでしょう。

わが子の積極性を引き出すには

本章のタイトルは「中学受験向きの子、不向きな子」ですが、ここまで通読されてどうお

感じになりましたか。

「え？　子の中学受験の向き不向きは語ってはいないのではないか」

そう思われるでしょう。

その通りです。中学受験向きの子と不向きな子の性格については、ほとんど触れていません。強いて言えることがあるならば、「（結果的に）勉強を好きになれる」子は中学受験に向いているタイプだということです。

でも、どんな子であっても「勉強を好きになる」可能性を秘めているのではないでしょうか。肝心なのは、保護者をはじめとした周囲の大人が、子の積極性を引き出せるかどうかなのです。

もしわが子が中学受験勉強に取り組むことで「学ぶこと」を完全に拒絶してしまうようならば、それは「よほどのこと」ですから、中学受験自体をやめてしまっても一向に構わないでしょう。

子のこれからの長い人生の中では「たかが中学受験」です。世の中は中学受験をしない子どもたちのほうが圧倒的に多いのです。保護者がそのようなある種冷めた視点で中学受験の世界を見ることもこれまた大切なことです。

このように考えていくと、ある結論が導き出せますよね。

そうです。中学受験に向いている子、向いていない子というよりも、その向き不向きは、むしろ保護者にあるのです。

第二章　志望校の選び方

【この章のポイント】
●共学と男女別学の違い
●共学入試には「女子差別」がある
●大学受験をするか、しないか
●危ない学校を見抜くポイント

中学入試は「限りなくフェア」

みなさんはなぜ、わが子を私立中高一貫校に進学させたいとお考えなのでしょうか。

「大学入試で有利になるのではないか」

「早い時点で子どもの入試を終わらせてやりたい」

「近隣の公立中学校の評判が芳しくない」

「ウチの娘は男子が苦手なので女子校に通わせたい」

ご家庭によって、その主たる理由はさまざまでしょう。

ここでわたしの考える中学入試、私立中高一貫校の魅力をお伝えします。


まず中学入試の魅力ですが、それは「限りなくフェア」な世界であるという点です。

中学入試の際、受験校に願書や小学校の調査書などを提出しますが、これはあくまでも形式的なものです。その内容で入試の合否が決することは稀であるといってよいでしょう（ただし、明確な理由がなく小学校の欠席日数の多い子は、入試で不利に働く場合があります）。

大半の私立中学校入試で四教科（算数・国語・理科・社会）、もしくは二教科（算数・国語）の科目試験が課されますが、基本的にこれらのペーパーテストで合計何点を獲得したかで合否が決まるのです。

これに対し、高校入試制度に目を向けると、ペーパーテストの得点結果以外の要素との総合で合否が決まるケースが多いのです。その代表的なものは何といっても「内申点」、中学校の成績です。

都道府県立高校入試ではこの内申点を「点数化」して、当日の試験結果と合わせて合否判定をおこなうのが一般的です。加えて、私立高校の入試では「推薦入試制度」を設けている学校が多く、この出願の資格が得られる尺度に「内申点」が用いられます。つまり、高校入試と「内申点」は切り離せない関係にあります。

それでは、「内申点の高低」が「学力の高低」に比例するのでしょうか。そんなことはありません。内申点は学校の定期試験の結果のみで算出されるものではなく、普段の授業態度なども勘案して数値化される、いわゆる「絶対評価」です。

ですから、担任教師からの「ウケ」の良し悪しが内申点に多分に反映される可能性があるのです。早熟で学力レベルが高いゆえに担任教師から疎《うと》まれて、結果的に「適正な評価」を受けられないという話をよく耳にします。

さらに、内申点が高く出やすかったり、反対に、低く出やすかったりする「地域」や「学校」も存在するようです。

このような高校入試制度と比較すると、中学入試の世界はとてもシンプルですよね。

偏差値が意味するもの

中学入試は「限りなくフェア」な世界であると申し上げました。学校側が設定した得点ラインを上回れば合格、一点でも下回れば不合格になるという、シンプルではありますが、シビアな世界と言い換えることができます。

私立中高一貫校の魅力の一端に、この「スクリーニング」(ふるい分け)が大きく関係していると私は考えます。

中学入試の合否はペーパーテストの合計得点で決します。ですから、わが子が入試を突破し、進学したその学校には合格点を上回った同級生たちが一堂に会しているのです。彼ら彼女たちはみんなそれなりの努力を積み重ねてきたのですね。

公立中学校と比較して、私立中高一貫校は荒れることのほとんどない、学びに専心できる環境があると言われることがありますが、これは「スクリーニング」を経ているのですから、ある意味当たり前のことでしょう。

もちろん、私立中高一貫校によってこの「スクリーニング」のレベル差はさまざまです。

わたしは「偏差値レベルが高い学校」=「良い学校」と無条件に断ずることはできないと

考えていますが、ひとつだけ確実に言えることがあります。

中高一貫校で六年間を過ごす中で、お子さんにとって一番の財産となるのは「友人」だとわたしは考えます。

そして、(一概には当然言い切れないことではありますが)学校の「偏差値レベル」が高ければ高いほど、同級生たちの語彙力、論理性、洞察力など……ざっくり言うと「精神年齢」の平均値が高くなる傾向にあります。

友人関係の中で互いにゆるやかに成長を遂げていくという側面を考えると、各学校の「偏差値レベル」は案外大切な指標なのではないでしょうか。

共学か、男女別学か

中学入試、私立中高一貫校の二つ目の魅力としては、多様な種類の学校からセレクトできるところです。

それでは、学校ごとにどのような形態の違いがあるのでしょうか。以下、大きく二つに分類して、簡単に説明します。

生徒構成形態

「共学校」「男子校」「女子校」

文部科学省の学校基本調査（平成二八年度）によると、全国に四九二五校存在する高等学校の中で「男のみの学校」（男子校）は一一二校、「女のみの学校」（女子校）は三一一校。つまり、男子校は二・二七％、女子校は六・三一％しかありません。

男子校生・女子校生はいわば「希少種」と言い表しても過言ではありませんが、「東京都の私立中学校」だけにしぼってみると、その事情がいささか変わってきます。

東京都生活文化局のホームページによると、東京都にある私立中学校一八三校のうち、女子校が七〇校（三八・三％）、男子校が三二校（一七・五％）、共学校が八一校（四四・三％）となっています（令和元年五月現在）。これを見ると、東京にある私立中学校は、共学校よりも男女別学校の割合のほうが高いのです。

学校組織形態

「進学校」「付属校」「半付属校」

続いて、学校組織形態別に見ると、ざっくり「進学校」「付属校」「半付属校」の三つに分けることができます。

「進学校」とは、系列の大学が設置されておらず、大学受験が前提となる学校のことを指します。これらの学校の多くは中高一貫六年間の中でそれぞれ独自のカリキュラムを構築していて、計画的、効率的に生徒たちが大学受験への準備ができるよう工夫を凝らしています。

「付属校」とは、系列大学が存在し、その大学に進学する生徒たちが六〇%以上を占める学校を指しています。生徒たちに大学受験に向けた対策を講じる必要がないため、比較的ゆるやかなカリキュラムが組まれ、リベラルアーツ教育に力を注ぐ学校が多いのが特徴です。高大連携の一貫教育を導入している学校もたくさんあります。また、付属校の大半は部活動が盛んであり、そのための充実した整備・環境を整えているところもあります。

そして、「半付属校」とは何でしょう。これは系列大学があるにもかかわらず、その大学への進学者が六〇%未満であり、他大学への道を選択する生徒が大勢いる学校を指します。

ほかにもいろいろな種類に学校を分類することができます。「付属小学校の有無」「内部進学者割合の多寡」「自由型の校風か、管理型の校風か」……。

中学入試、私立中高一貫校の魅力として、「限りなくフェアである中学入試制度」「スクリ

「生徒構成形態」「学校組織形態」に区分した首都圏の私立主要校一覧

	男子校	女子校	共学校
進学校	浅野・麻布・足立学園・栄光学園・海城・開成・暁星・攻玉社・駒場東邦・サレジオ学院・芝・城北・巣鴨・逗子開成・聖光学院・成城・世田谷学園・高輪・桐朋・獨協・東京都市大付・本郷・武蔵	浦和明の星女子・桜蔭・鷗友学園女子・大妻・鎌倉女学院・吉祥女子・晃華学園・頌栄女子学院・女子学院・白百合学園・洗足学園・田園調布学園・東京女学館・東洋英和女学院・豊島岡女子学園・フェリス女学院・富士見・雙葉・普連土学園・横浜共立学園・横浜女学院・横浜雙葉	市川・渋谷教育学園渋谷・渋谷教育学園幕張・桐蔭学園中等・東京都市大等々力・東京農業大第一・桐光学園・東邦大付東邦・広尾学園・森村学園・山手学院
付属校	学習院中等科・慶應義塾普通部・日大豊山・明治大付中野・立教池袋・立教新座・早大学院	香蘭女学校・女子美術大付・日本女子大附	青山学院・慶應義塾中等部・慶應義塾湘南藤沢・成城学園・中央大附・中央大附横浜・日大一・法政大学・法政大二・明治大付明治・明治大付中野八王子・早稲田実業
半付属校	早稲田	跡見学園・大妻・大妻中野・学習院女子・共立女子・昭和女子大附昭和・清泉女学院・日大豊山女子・立教女学院	神奈川大附・国学院大久我山・成蹊・専修大松戸・獨協埼玉・東洋大京北・日本大学・日大二・日大三・明治学院

※高校募集のみの学校は省いている。

※系列大学への現役進学率が60%以上を「付属校」、60%未満を「半付属校」としている。

※また、系列大学が存在するが、そこへの現役進学率が10%未満の場合は「進学校」にカウントしている。（2020年度の現役進学率データに基づく）

ーニング」「多種多様な学校形態」の三つを挙げましたが、ここから先は「学校形態」について、その違いをくわしく見ていくことにしましょう。

男女別学の「長所」と「短所」

ここ一〇年くらいでしょうか。保護者の方々と進路面の相談をしていると、共学校に人気が集まっていることを感じさせられます。近年、男女別学だった私立中高一貫校が「共学化」したことで受験生が爆発的に増加する事例も枚挙に暇《いとま》がありません。

実際、受験生の保護者と進路についての面談をすると、こういうことをよく言われます。

「世の中って男と女で成り立っているじゃないですか。そう考えると、中高生という多感な時期は、やはり男女が同じ学び舎にいることが健全だと思うのです」

また男女別学に進学されることに対して、次のような懸念を表明される保護者もいます。

「男だけ、女だけ……そんな中高生活を過ごしてしまうと、異性への距離感がつかめなくなってしまうだけではなく、異性に対する差別意識が醸成されてしまうのではないか」

地方国立大学の医学部に在学している共学育ちの女の子から、こんな話を聞かされたことがあります。

「大学で出会う男子を観察していると、男子校出身者ってすぐに分かりますよ。こちらへ近づけず、遠い距離から何かブツブツ呟《つぶや》いている人は間違いなく男子校出身。逆に、キスするんじゃないかというくらいの近距離で、声のボリュームを全く調節せずに話しかけてくるのも、これまた男子校出身（笑）」

これは女子校でも同じようなことが言えそうですね。

そして、男子校と女子校は、異性の目を気にする必要がないからか、互いの本音をぶつけやすい環境であると言われます。一見、男女別学のメリットのように感じられますが、裏返せば、人間関係のトラブルが勃発しやすい環境であるとも言えるでしょう。

一方で、男女別学だからこそ異性に対して気を配れるようになるケースも耳にします。以前、麻布中学校・高等学校校長の平秀明先生に取材をした折に、こんなエピソードを披露してくれました。

「妊娠中の女性教員がいたときは、生徒たちが教室まで荷物を持っていってあげていましたね……へえ、こいつら優しいところがあるんだなあと感心しましたよ」

同校の卒業生たちに話を聞いたところ、異口同音に言うのは、麻布生は女性教員や事務の女性職員にはとても丁寧に優しく接するようなのです。男ばかりの中高生活を送っていると、女性を「特別視」するようになる。そのプラス面が現れた一例といえるでしょう。

そういえば、男子校の桐朋で中学部長を務める村野英治先生は、生徒たちが自主的に企画したこんなイベントの話を教えてくれました。

「生徒たちの発案で、妊婦さんや乳幼児を持つお母さんたちとの交流会をおこないました。子育ての苦労など、彼女たちの本音を知ることができて、生徒たちはたいへん刺激を受けたようですね」

また、わたしの観察した限りですが、男女別学出身者のほうが中高時代の付き合いが大人になってからも続く傾向にあるようです。男だけ、女だけの環境は「性別を消滅」させ、生身の「人間」同士としての付き合いになるからではないでしょうか。

わたしは二〇一五年に『女子御三家　桜蔭《おういん》・女子学院・雙葉《ふたば》の秘密』（文春新書）という本を上梓しましたが、この本を執筆する上でこれら三校の学校関係者や卒業生たちに取材を重ねました。

その中で、女子学院の元院長である田中弘志先生が「女子教育」の意義を端的に、こんなふうに言い表していたのです。それをここに引用してみましょう。

〈彼女たちにとって人生の多感な時期に女性だけで学ぶ意味は、男性の目を意識しないで伸び伸びと飾らずにありのままの自分を出せるという点がまず挙げられます。たとえば、容姿に劣等感を持っている子。男性の前だとそれに引け目を感じている子であっても、女性の中だけだと自分が身に纏ったものをすべて剝ぎ取って『良いところ』も『悪いところ』もさらけ出せる。自分の持つ『光るもの』を周囲に評価してもらえる環境があるのです〉

一〇年前にベストセラーとなった『女子校育ち』（ちくまプリマー新書）の著者であり、漫画家・コラムニストの辛酸なめ子さんが『女子校礼讃』（中公新書ラクレ）という本で、この田中先生の弁を女子目線でやわらかく表現されていました。そういえば、辛酸なめ子さんも女子学院出身です。それを一部紹介しましょう。

〈「女子校はドロドロしてそう」と言われがちで、たしかに校風が閉鎖的だったりするといじめが発生することもありますが、共学の女子同士よりも平和な人間関係を築いていると思われます。共学では男子をめぐって女子同士はライバルで、モテがヒエラルキーの上位になるための重要な要素ですが、男子がいない女子校では皆仲が良く、美人じゃなくても生命力が強い人や個性的な人、何かに秀でている人が人望を集めます〉

女子校に理系女子が多い理由

共学校では自然と男女の役割が分担されるといいます。たとえば、文化祭の出し物を発案するのは男子、それをとりまとめて書面化するのは女子、出し物の準備で力仕事に精を出すのは男子、飾り付けをおこなうのは女子。当日、受付に座っているのは女子であるのに対し、出し物の案内を買って出るのは男子……こんな具合です。別にこのような役割分担を闇雲に論難するつもりはありません。

ただ、これまで生きてきた中で無意識のうちに植え付けられた「男らしさ」「女らしさ」が自らの行動の足枷《あしかせ》になることもあります。

一例を挙げましょう。

「昆虫マニア」の男の子がいます。彼は幼少期から昆虫採集を続け、小学生ながら専門書にも目を通すほど熱中していました。中学受験をしたのは、応用昆虫学を国立大学で学んで、それに関連する職に就きたいと夢を見ていたからです。そのため国立大学の理系分野に多くの合格者を輩出する私立中高一貫校に入りたいと望んだのです。

彼は無事に第一志望校に入りました。この学校は共学校でした。

中学生の最初のころは、クラスメイトの男の子たちと昆虫話に花を咲かせていました。ところが、あるとき、虫が苦手な女子生徒たちからの冷たい視線に彼は気づくことになります。その中には彼が密かに思い焦がれていた女の子がいたのです。

彼が昆虫の話を周囲にすることはなくなりました。これは学校内に限った話ではありません。彼の自宅の書棚に陳列されていた昆虫図鑑はいつの間にか埃《ほこり》を被っていました……。

これはわたしの創作ですが、塾の卒業生たちに話を聞くと、同じような事例がよく登場します。

もし、この少年が男子校に進学していたら、話は違ったかもしれません。

男の子同士は各自の「マニアっぷり」を恥ずかしがるどころか、むしろ誇らしげに披瀝《ひれき》する傾向にあります。

獨協《どっきょう》に通学している高校生はこう証言します。

「ウチの学校は体育会系と文化系の部活動のヒエラルキーみたいなものは一切ありません。生物オタクなんて堂々とその話を周りに語っていますよ」

「男子は理系、女子は文系」などという「区分け」が悪意なくされることがあります。

一時「リケジョ」（理系女子）などという表現が持て囃されたのも、換言すれば、「女子なのに理系分野に進出するなど珍しい」という僻見《へきけん》が多くの人たちの心に植え付けられている証《あかし》でしょう。

近年は「理系分野」に強い女子校が目立つようになりました。

女子最難関校の桜蔭は例年三分の二以上の卒業生が理系分野に進学しています。豊島岡女子学園、白百合学園、吉祥女子、田園調布学園の卒業生たちの進路に目を向けても、文系と理系の割合はどこも半々くらいです。

これも先の「昆虫少年」の話に通じるところはないでしょうか。

女子だけの環境だからこそ、自らの興味ある分野にとことん打ち込める。女子校卒業生が理系分野に多く進出するようになったのは、このような背景があるからでしょう。

いまや死語と化していますが、「ガリ勉」であることが素直に賞賛されやすいのも、共学校より男女別学校でしょう。

先ほども触れましたが、全国に存在する高校のうち、男子校は約二・三％、女子校は約六・三％にすぎません。それを前提に、次ページの「２０１８年度〜２０２０年度　高校別の東京大学合格者数（ベスト30）」を見ると驚かれるのではないでしょうか。

上位三〇校のうち男子校の占める割合は六〇％程度。マジョリティであるはずの共学校の占める割合は三〇％程度しかありません。

このデータだけを取り出して語るのは乱暴かもしれませんが、男女別学校は受験勉強に専心しやすい環境があることを如実に表しているのかもしれません。

2018年度～2020年度　高校別の東京大学合格者数（ベスト30）

2018年度

順位	学校名	学校種別	合格者数
1	開成（東京）	男	175
2	筑波大附駒場（東京）	男	109
3	麻布（東京）	男	98
4	灘（兵庫）	男	91
5	栄光学園（神奈川）	男	77
	桜蔭（東京）	女	
7	聖光学院（神奈川）	男	72
8	東京学芸大学附属（東京）	共	49
9	海城（東京）	男	48
	都立日比谷（東京）	共	
	渋谷教育学園幕張（千葉）	共	
12	駒場東邦（東京）	男	47
13	浅野（神奈川）	男	42
	ラ・サール（鹿児島）	男	
15	早稲田（東京）	男	38
	筑波大附（東京）	共	
17	女子学院（東京）	女	33
18	東海（愛知）	男	30
	西大和学園（奈良）	共	
20	武蔵（東京）	男	27
	甲陽学院（兵庫）	男	
22	県立岡崎（愛知）	共	26
	都立国立（東京）	共	
24	渋谷教育学園渋谷（東京）	共	25
	県立湘南（神奈川）	共	
	県立旭丘（愛知）	共	
27	久留米大附設（福岡）	共	23
28	県立浦和（埼玉）	男	22
	県立千葉（千葉）	共	
30	豊島岡女子学園（東京）	女	21
	県立金沢泉丘（石川）	共	

2019年度

順位	学校名	学校種別	合格者数
1	開成（東京）	男	186
2	筑波大附駒場（東京）	男	120
3	麻布（東京）	男	100
4	聖光学院（神奈川）	男	93
5	灘（兵庫）	男	74
6	渋谷教育学園幕張（千葉）	共	72
7	桜蔭（東京）	女	66
8	駒場東邦（東京）	男	61
9	栄光学園（神奈川）	男	54
10	久留米大附設（福岡）	共	50
11	都立日比谷（東京）	共	47
12	海城（東京）	男	46
13	東京学芸大学附属（東京）	共	45
14	西大和学園（奈良）	共	42
15	県立浦和（埼玉）	男	41
16	浅野（神奈川）	男	39
17	東海（愛知）	男	37
18	甲陽学院（兵庫）	男	34
	ラ・サール（鹿児島）	男	
20	筑波大附（東京）	共	32
21	早稲田（東京）	男	30
22	豊島岡女子学園（東京）	女	29
23	女子学院（東京）	女	27
	県立岡崎（愛知）	共	
	東大寺学園（奈良）	男	
26	県立旭丘（愛知）	共	26
27	武蔵（東京）	男	22
28	巣鴨（東京）	男	21
	県立横浜翠嵐	共	
30	県立土浦第一（茨城）	共	20
	大阪星光学院	男	

2020年度

順位	学校名	学校種別	合格者数
1	開成（東京）	男	185
2	筑波大附駒場（東京）	男	93
3	桜蔭（東京）	女	85
4	灘（兵庫）	男	79
5	渋谷教育学園幕張（千葉）	共	74
6	麻布（東京）	男	63
	駒場東邦（東京）	男	
8	聖光学院（神奈川）	男	62
9	海城（東京）	男	59
10	栄光学園（神奈川）	男	57
11	西大和学園（奈良）	共	53
12	ラ・サール（鹿児島）	男	42
13	都立日比谷（東京）	共	40
14	浅野（神奈川）	男	39
15	筑波大附（東京）	共	36
	東大寺学園（奈良）	男	
17	渋谷教育学園渋谷（東京）	共	35
18	女子学院（東京）	女	33
	県立浦和（埼玉）	男	
	甲陽学院（兵庫）	男	
21	久留米大附設（福岡）	共	31
22	県立旭丘（愛知）	共	30
23	豊島岡女子学園（東京）	女	29
24	東京学芸大学附属（東京）	共	28
25	早稲田（東京）	男	27
26	県立土浦第一（茨城）	共	26
	県立横浜翠嵐	共	
	東海（愛知）	男	
29	県立富山中部	共	24
30	県立湘南（神奈川）	共	22

アミ掛けは男女別学校を示す

※合格者数には過年度卒業生を含む。

わが子の受験を考える上で、「いやいや男女別学など考えられない」という保護者がいましたら、男女別学校の説明会や行事などに思い切って参加してみてはいかがでしょうか。頭の中で思い描いていた男女別学教育に対する先入観、偏見が一掃されるかもしれません。

そして、東京都の私立中学校は男女別学校が半数以上を占めると申し上げました。共学校だけでなく、男女別学校を子の受験校の一つとして考えられるのであれば、わが子の「受験パターン」を構築する際に、格段にその選択肢を拡げることができるのです。

共学入試でおこなわれる「女子差別」

中学入試の世界では「共学校」というだけで受験生がかなり増え、入試難度が高くなる傾向が見られます。

男女別学校との難易度比較はその性質上、単純におこなうことはできませんが、たとえば、同じくらいの「大学合格実績」の男子校と共学校があるとしたら、間違いなく共学校のほうがその偏差値ランクは高くなるでしょう。

保護者が偏差値一覧表などを眺める際には、この点を勘案するとよいでしょう。

ちなみに、この二〇～三〇年の間に、男女別学校が「共学化」したケースは大変多く、保護者世代の知る受験事情と現在のそれは、そういう意味でも様相を異にしています。

話はがらりと変わりますが、皆さんは医学部受験で女子受験生が冷遇された「事件」をご記憶でしょうか。

二〇一八年、東京医科大学の入試において女子受験生や多浪生が不利になる得点操作をされていたことが判明した事件です。これを発端に文部科学省は、全国の大学を調査した結果、九大学の医学部で「不適切」な入試がおこなわれていたと指摘しています。

この医学部入試の「不正」の事例を改めて目にした保護者はどう思われるでしょうか。

「女子が入試で差別されるなんて許せない」

「こんな不正が裏でおこなわれているのだから、受験料返還は当然だし、その大学は何らかの責任を取るべきではないか」

そんな声が聞こえてきそうですね。

しかし、共学校の中学入試では堂々と「女子差別」がおこなわれているのです。件《くだん》の医学部の事例と異なるのは、大半の中学校がその実態を事前に明らかにしていることです。

たとえば、慶應義塾中等部の入試では男女別に定員が設けられています。その募集人員は「男子約一四〇名」「女子約五〇名」と入試要項に明記されています。慶應義塾幼稚舎（付属の小学校）から男子約二〇名、女子約五〇名が内部進学してくるという事情もあるとはいえ、女子受験生にとって慶應義塾中等部はかなりの「狭き門」であるのがよく分かります。

男女の定員数の違いだけではありません。共学校の入試では男女の合格最低ラインが違うことも多々あります。


一例を挙げます。成城学園の二〇二〇年度の中学入試にスポットを当ててみましょう。

この学校の募集人員は一般第一回入試で「男女七二名」、一般第二回入試で「男女四二名」とされています。

入試結果に目を向けると、その男女の「格差」に驚かれるのではないでしょうか。第一回入試の男子の実質倍率は約三・五倍、合格最低得点は三〇〇点中二〇三点であるのに対し、女子の実質倍率は約五・〇倍、合格最低得点は二一六点。第二回入試の男子は六・〇倍、二一八点であるのに対し、女子は七・四倍、二三一点と発表されています。

「女子受験生が不利になるなんて、この学校は許せない」

そんなふうに憤る保護者がいるかもしれませんが、ちょっと待ってください。

共学校の中学入試では大半の学校に「男女格差」が生じているのです。これは成城学園に限った話ではありません。男女の入学者数をほぼ同数にしたいと考えると、どうしても男子よりも女子のほうの全体的な得点が高く、「調整」することが必要になってくるからです。

仮に男女ともに同じ合格最低ラインを設けるとするならば、共学校のほとんどは「女子だらけ」の学校になることが予想されます。

東京にある主要な共学校の中学入試結果について次の表にまとめました。

わたしはこの点についての是非をここで語ろうとは思いませんが（それだけで一冊の本になりそうですね）、保護者は共学校の中学入試の際に、女子受験生が不利な状況に置かれやすい実態を知っておくべきでしょう。

補足すると、男子受験生が不利になる共学校も、数は少ないながら存在します。

たとえば、日本大学第二の二〇二〇年度の中学入試結果を見ると、第一回入試の男子受験生の実質倍率は二・六倍であるのに対し、女子受験生は一・九倍、合格最低得点は男子一八九点に対して、女子は一六六点（ともに三〇〇点満点）。第二回入試の実質倍率は男子五・八倍、女子三・六倍であり、合格最低得点は男子二一三点、女子一九六点（ともに三〇〇点満点）でした。

大手の模擬試験の結果を分析すると、学力のトップレベルに相当する層（偏差値七〇以上）は男子のほうが占める割合がかなり高くなる一方、学力上位層・中位層（偏差値四五以

首都圏主要共学校の2020年度中学入試結果

学校名	回数	募集人員		入試実質倍率		合格最低得点		満点
		男子	女子	男子	女子	男子	女子	
青山学院		男女約140名		3.3倍	5.4倍	178点	200点	300点
慶應義塾中等部		約140名	約50名	4.9倍	6.1倍	非公表	非公表	300点
渋谷教育学園渋谷	1回	男女70名		3.0倍	3.1倍	177点	188点	300点
	2回	男女70名		2.0倍	4.0倍	168点	182点	300点
	3回	男女23名		4.9倍	9.5倍	184点	194点	300点
成蹊	1回	約45名	約40名	2.6倍	2.6倍	183点	191点	300点
	2回	約25名	約20名	3.3倍	4.9倍	205点	222点	300点
成城学園	1回	男女72名		3.5倍	5.0倍	203点	216点	300点
	2回	男女42名		6.0倍	7.4倍	218点	231点	300点
中央大学附属	1回	男女100名		3.5倍	3.6倍	222点	225点	320点
	2回	男女50名		6.1倍	7.8倍	201点	209点	320点
法政大学	1回	男女約50名		3.4倍	3.5倍	347点	364点	500点
	2回	男女約50名		5.7倍	6.1倍	340点	361点	500点
	3回	男女約40名		9.6倍	11.8倍	369点	388点	500点
法政大学第二	1回	90名	40名	4.0倍	6.7倍	231点	244点	350点
	2回	50名	30名	6.1倍	6.9倍	222点	233点	350点
明治大学付属明治	1回	約45名	約45名	2.3倍	3.6倍	211点	221点	350点
	2回	約30名	約30名	5.2倍	5.2倍	223点	257点	350点
早稲田実業		85名	40名	3.5倍	4.0倍	194点	214点	300点

上七〇未満）は女子の占める比率が高くなります。そして、学力下位層（偏差値四五未満）では男子の占める割合がやや高いのです。これは毎年見られる傾向です。

大学受験をするか、しないか

わが子の志望校を考える上で、「共学校」か「男女別学校」なのかは極めて重要な区分です。いままでの説明で両者の相違を理解してくださったのではないでしょうか。

そして、志望校を選択する上での次なる区分けは「進学校」「半付属校」か「付属校」かです。簡単に言うと、わが子が大学受験の道を選ぶか否かということです。

大学受験をすることが前提となる「進学校」について、その長短に触れていきましょう。

まず、進学校であれば、どの学校も「先取りのカリキュラム」が構築されていて、学校側の敷いたレールに乗りさえすれば、一流大学の合格切符が必ず獲得できるというのは残念ながら「幻想」です。

確かに、きめ細やかなシラバス（授業計画）が用意されていて、学習進度が早いところが進学校では目立ちます。さらに、大学受験という「目標」があるため、勉学を怠けにくい環境にあるのは間違いありません。同級生たち全員が大学受験を意識して日々学習に励んでいるため、その雰囲気に良い意味で巻き込まれることもあるようです。

しかしながら、進学校の学習進度が早いがゆえに、そこから取りこぼされて、日々の学習に悪戦苦闘する生徒たちも一定数います。

そうなったときの各校の個別フォロー体制はさまざまです。追試や補習授業などを徹底する学校もあれば、そのまま放置するような学校もあるのです。前者は近年めきめきと伸長している新興の学校、後者は伝統校や名門校に顕著な特徴であるように感じます。


これと関連しますが、「進学校に通学すれば塾通いは要らない」というのはウソに近い言説です。

進学校の在校生たちは高校生にもなれば、塾・予備校通いを始めるのがいたって普通です。大学入試に向けてさらなる応用力を身に付けたい、あるいは、学校の勉強に苦しんでいて、それをフォローしてもらうために塾通いする……そんなさまざまな動機で生徒たちは外部指導を求めるようになるのです。

なお、「塾要らず」「塾・予備校泣かせ」の進学校として有名なのは聖光学院です。この学校の教員たちは膨大な数のオリジナルの冊子やプリントを作成、質の高い授業をおこなっているだけではなく、成績の低迷した生徒に対するフォローの手厚さ（放課後の個別補習の実施など）も、他校の追随を許さないくらいに徹底していると評価されています。

このように「塾要らず」で有名な学校があるということは、裏返せば、進学校の在校生たちの塾通いは当たり前になっているのです。

大学付属校は過剰人気

次に、「大学付属校」について説明していきましょう。

大学付属校の魅力は何といっても系列大学への推薦があるため、受験勉強に追われることなく、中高生活を謳歌できる点にあります。たとえば、中高通じて部活動に精を出したい、課外活動に積極的に取り組んでいきたい……そんな明確な目的を持っている子は付属校向きのタイプといえるのかもしれません。

大学受験対策の必要がないため、付属校はゆったりとしたカリキュラムを構築していて、一つの単元を深く掘り下げるようなアカデミックな授業がおこなわれるところが多いのも特徴的なところでしょう。

最近は、「高大連携」の仕組みを導入し、大学入学以前に大学でおこなわれているような講義を受けることのできるところもあるのです。大学受験組に対して大学入学後に大きな差をつけやすい試みだといえるでしょう。

たとえば、明治大学付属明治では、春期休暇、夏期休暇、冬期休暇の時間を活用して明治大学と連携した短期集中講座を実施しています。簿記等の資格取得のほか、裁判傍聴、模擬裁判など高校正課科目にはない講座が複数用意されており、進学先の学部の選定に役立てたり、将来のキャリアプランを考えるきっかけになったりすると評価されています。

法政大学第二では、高校三年生の三学期になると、既に進学先が決まっている学部ごとに分かれて、大学教員の指導の下、その分野のプレゼンテーションや論文執筆などをしたりしています。

これと関連する話ですが、中学校・高校・大学と一〇年間の一貫教育を受けられるということで、ＯＢやＯＧとの濃いつながりやネットワークを活用しやすいことも付属校のメリットでしょう。

たとえば、慶應義塾の「三田会」は慶應ファミリーによる同窓会組織であり、「年度別」「地域別」「勤務先・職種別」などに分類されていて、計九〇〇ほどの団体が存在し、社会人としてのステップアップをこれらの団体がフォローするような仕組みになっています。そして、この「三田会」で特に優遇されるのは中学以前より慶應義塾の付属校に在学していた「内部」の人たちなのです。

このような長所がある反面、付属校ならではのデメリットがあります。

それは系列大学ではなく、外の大学に目を向けづらい環境であり、他大学の受験について学校側は完全にノータッチのところが多いという点です。

たとえば、青山学院に通学している男の子がいるとしましょう。

彼が高校二年生のときに、ある出会いがきっかけで医者を目指すことになったとします。でも、青山学院大学には医学部がありません。そうなると、その時点から医学部進学を目指しての予備校通いが必須になります。そして、その予備校で席を並べている中高一貫の進学校に通う子どもたちの大半は、「先取り学習」を既におこなっています。ゆったりとしたカリキュラムで学んできた彼は、受験勉強スタート時点でハンデを負ってしまうのです。

一方、最近は「他大学への進学」のサポートを充実させた付属校も登場しています。

一例を示してみましょう。中央大学附属横浜は中央大学の付属校ではありますが、他大学受験のためのカリキュラムが用意されています。国立大学、もしくは（中央大学に希望する学部がないため）他の私立大学を目指す子たちには「中央大学への推薦権を保持」した状態で受験できるのです。

先述しましたが、系列大学への進学率が半分にも満たない「進学校色」の強い「半付属校」もたくさんあります。これらの学校では進学校顔負けの密度の濃い大学受験対策を講じているところが少なくありません。

このように、付属校といってもそれぞれに特色があります。事前にその学校がどのような教育体制・進学カリキュラムを用意しているのかを、保護者の皆様には念入りに調べておくことをお勧めします。

また、日本大学や東海大学といった「総合大学」の付属校も魅力的です。総合大学ゆえ、たいていの学部・学科は揃っていますから。

序章でも触れましたが、いまの中学入試では大学付属校が人気を博しています。「大学入試改革の不明瞭さ」「大学入試定員厳格化政策による首都圏私立大学の難化」に対して、小学生保護者がわが子の将来への不安を抱いたからでしょう。「大学がついている付属校にわが子を入れれば安心だ」と思う保護者の気持ちはよく理解できます。

しかし、大学付属校人気に拍車がかかった結果、それらの学校の「偏差値高騰」が中学入試で起きているのです。

たとえば、香蘭《こうらん》女学校。この女子校、高大連携プログラムでつながっている立教大学への関係校推薦枠が最大九七名あります（卒業生は例年一六〇名程度）。意外と知られていないなかったこの推薦枠が同校の入試回数増などをきっかけに広く知られるようになり、一気に難化しました。四谷大塚の合不合判定テストの偏差値一覧表（合格率八〇％ライン）の推移に目を向けると、五年前の二〇一六年度に偏差値五一とされていた同校は、二〇二〇年度には五八と、七ポイントも上昇しています。

付属校人気には注意が必要です。

わたしが偏差値に対して、物価や株価に用いる「高騰」などという表現を用いたのには理由があります。偏差値は外的環境によって、いともたやすく変動するものだからです。

いまの小学生たちが大学入試を迎える頃は大学入試改革から何年も経過していて、入試制度も落ち着きを取り戻している可能性が高いのです。

言い方を変えれば、有名大学付属校の中学入試で合格できる力量があるならば、わざわざその系列大学に進学するのは（学力面で）「もったいない」と感じるような時代がやってきてもおかしくないのです。

実際に二〇二一年度の首都圏私立大学入試は、コロナ禍の影響下、地方から都心の大学入試に挑む受験生が激減したこともあり、全体的に実質倍率が低下しているそうです。

「何が何でも付属校」となるのではなく、ここは冷静に学校選びをしたいところです。

地方校・寮生活という選択肢

意外と知られていないのは、全国には「寮」（寄宿舎）を備えた私立中高一貫校がたくさんある点です。中高一貫校情報サイト「シリタス」によれば、私立中高一貫校の約一三〇校が何らかの形で「寮制」を導入しているようです。

寮の形態はさまざまですが、いわゆる通学生が一人もいない「全寮制」の私立中高一貫校はほとんどありません。ほとんどが、ごく一部の生徒が入寮する形態をとっています。たとえば、甲子園常連校の中には「硬式野球部員」だけを入寮させている学校があります。あるいは、男子寮のみ備えていて、女子は全員通学生というところも。いずれにせよ、子どもたちは入寮すると、長期休暇期間以外は自宅へ戻ることはありません。

「中学生から寮生活なんて……」

そんなふうに抵抗感を抱いてしまう保護者がほとんどでしょう。

しかし、「かわいい子には旅をさせよ」と言うように、寮生活でわが子がメキメキとたくましく成長していった、自分のことはすべて自分で考えられる自立心を身に付けた、計画的に学習に向かえるようになった……そういう保護者の声もよく聞くのです。

そして、近年は「寮制」を導入する地方の私立中高一貫校が、東京で中学入試を実施するケースが増えています。

東京で中学入試をしている代表的な学校をここに挙げてみましょう。

【男子校】

北嶺《ほくれい》（北海道）、函館ラ・サール学園（北海道）、静岡聖光学院（静岡県）など

【女子校】

札幌聖心女子学院（北海道）、盛岡白百合学園（岩手県）、不二《ふじ》聖心女子学院（静岡県）など

【共学校】

秀光《しゅうこう》（宮城県）、佐久長聖《さくちょうせい》（長野県）、西大和《にしやまと》学園（奈良県）、愛光《あいこう》学園（愛媛県）、早稲田佐賀（佐賀県）、宮崎日本大学（宮崎県）など

寮を備えた地方の私立中高一貫校が、こんなにもたくさん東京で入試をおこなっていることに驚かれるのではないでしょうか。裏返せば、寮生活を望む中学受験生が一定数存在しているということです。

その中を代表して、静岡県裾野市にある「不二聖心女子学院」を紹介しましょう。名を聞いてピンときた方がいるかもしれません。そう、この学校は「お嬢様大学」として知られている聖心女子大学系列の女子校です。

富士山麓に位置する不二聖心女子学院。周囲は山々に囲まれ、眼前には広大な茶畑（学校所有の不二農園）。大自然の中に風格の漂う学び舎が立ち並んでいます。その敷地面積はなんと約二一万坪（東京ドーム約一五個分に相当する広さ）。校門から校舎に辿り着くまで一キロメートルもあることが、その広さを象徴しています。

さて、この不二聖心女子学院は、ちょっと変わった「寮制度」を導入しています。

寄宿舎生活を送る生徒たちは「週末帰宅型」のスタイルをとっているのです（近隣からスクールバスで通う生徒も大勢います）。つまり、金曜日の夜には自宅に戻り、日曜日の午後に再び学校にやってくることを繰り返しています。

不二聖心女子学院と東海道新幹線の停車する三島駅の間には専用のスクールバスが運行していて、片道約二五分。なお三島駅から品川駅までは新幹線こだまで約四五分です。東京をはじめとした首都圏から毎週新幹線を利用する「寄宿舎生」が年々増加傾向にあり、いまは在校生の約半数を占めているといいます。

この不二聖心女子学院の一風変わった「週末帰宅型」スタイルは、現代の家族環境と相性がよいのです。

同校で広報主任を務めていた長谷川貴子先生が「週末帰宅型」の意義を次のように説明してくれました。

「最近はご両親共働きのご家庭が増えています。朝から晩まで仕事に追われていて、子どもが自宅にいたとしても、平日はコミュニケーションをとる時間など全然確保できないご家庭があるでしょう。ならば、平日にわたしたちがお子さんをお預かりして、土曜日と日曜日にわが子とたくさん触れ合う機会を設けてもらう。そんな親子関係もいいのではないでしょうか」

同校の寄宿舎の中には「洗濯室」や「スタディルーム」などが設けられています。彼女たちは親の力に頼ることなく、洗濯や掃除をはじめとした「家事」、そして学習面についても自らの手でマネジメントしていくのです。このマネジメントは「自立」と言い換えてもよいかもしれませんね。

寄宿舎生活を送る生徒たちに直接話を聞いたことがありますが、彼女たちはこんなことを語ってくれました。

「規則正しい生活が送れるようになった」

「先輩の様子を見ながら、自分のことは自分で何とかするという姿勢を学びました」

そして、親元から離れて暮らすことで、「家族のありがたみが心から理解できた」という声が多く、「週末帰宅型」の学校生活が始まってからは、親子関係が劇的に良くなったという話も聞きました。

なお、この不二聖心女子学院の東京入試は、四谷大塚の合不合判定テストの偏差値一覧表（合格率八〇％ライン）では偏差値四七となっていて、比較的難易度の低い学校とされています（現地入試はさらに偏差値が下がるといわれています）。それにもかかわらず、二〇二一年度の大学入試合格状況を調べると、高校三年生の七八名中、一九名が上智大学に合格（一七名が進学）しています。「四人に一人」が上智大学に現役進学できるのは、カトリック高等学校対象特別入試が受験できるからです。また、系列の聖心女子大学には四一名が姉妹校推薦で合格しています。「出口が良い」学校といえるでしょう。

ほんの一例ではありますが、わが子が中学受験をするならば、こういう「寮制度」を設けている学校を選択肢に入れてもよいかもしれません。

共学化した元女子校の実力

序章で「いまの中学受験生保護者は中学受験自体に馴染みのある世代である」と書きまし

た。だからこそ、わが子に中学受験をさせることへの抵抗感はあまり抱きません。

一方、中学受験に臨む子の保護者が、同じように中学受験の経験者である必要はありません。むしろ、中学受験経験者は自身の先入観を変えられず、いまの中学入試の姿をなかなか受け入れられない場合もあります。当時とは学校の序列や学校の形態、中学入試制度が大きく変わっているからです。

23ページで三五年前と現在（二〇二〇年度）の「学校別偏差値一覧表」を並べて比較していますが、たとえば、三五年前は難関校の一角に位置していた学校が、いまは定員割れ（受験者数が募集人員を下回る状況）を引き起こしていたり、反対に、三五年前はレベルの低かった学校が、いまや難関校として多くの受験生の憧れの対象だったりします。

また、以前は算数・国語の二科目で受験できる学校がたくさんあったものの、いまは四科目が主流になっていたり、あるいは、ちょっと変わった形態（作文や自己ＰＲなど）の入試制度を導入したりする学校も数多く登場しています。

中学受験指導に長年従事しているわたしでさえ、これらの変化の目まぐるしさを実感しているのですから、保護者の方にとってはなおさらその劇的な変化にびっくりさせられることでしょう。

広尾学園という共学校をご存じでしょうか。

四谷大塚の合不合判定テストの偏差値一覧表（合格率八〇％ライン）では第一回の入試偏差値が男子五九、女子六一というかなりの難関校です。男子は芝や本郷、女子は鷗友《おうゆう》学園女子、吉祥女子、頌栄《しょうえい》女子学院、立教女学院と偏差値上で並んでいます。

「え？　広尾学園なんていう学校は聞いたことないぞ」

そう思われる保護者がいるかもしれません。

もともとは順心女子学園という女子校だったのです。

二〇〇〇年代に入ると、順心女子学園は廃校の危機に瀕します。少子化に加え、大学合格実績にこだわりを持つ進学校に人気が集中したからです。

一九九〇年代には一八〇〇名近くの生徒数を抱えた順心女子学園でしたが、二〇〇三年度には全校生徒数が四〇〇名台にまで落ち込むほどでした。生徒募集に苦戦していたこの時代は、偏差値三〇台ともいわれていました。

そこで順心女子学園は二〇〇七年に共学化に舵を切り、名称を広尾学園と変更したのです。そして、「生まれ変わった」この広尾学園の初代校長に就任したのは「学校畑」出身者ではなく、進学塾経営者として手腕を振るった人物でした。同時にそれまでの教育手法をがらりと変えました。

そのなかでも重点を置いたのは「グローバル教育」「キャリア教育」「ＩＣＴ教育」であり、これらを上手く融合することで、生徒たちの学習意欲を喚起するとともに、外部に積極的にその教育内容を発信していったのです。

広尾学園だけが特別なわけではありません。

女子校から共学化・名称変更・教育内容の改革をおこなった学校としては、ほかに渋谷教育学園渋谷（旧「渋谷女子」）、東京都市大学等々力《とどろき》（旧「東横学園」）、三田国際学園（旧「戸板」）、開智《かいち》日本橋学園（旧「日本橋女学館」）、中央大学附属横浜（旧「横浜山手女子」）、青山学院横浜英和（旧「横浜英和女学院」）など、このような事例はたくさんあるのです。

二〇二一年度はまた一つ、東京都文京区に新しい名称の共学校が誕生します。「広尾学園小石川」です。前身は村田女子という女子校でしたが、二〇一八年より広尾学園と教育連携を結び、その流れでこのたびの共学化、名称変更がなされることになったのです。当然、教育内容にも大胆に手が入ります。広尾学園小石川は、中学受験生保護者の間で早くも注目の的になっています。

危ない学校の見分け方

私立中高一貫校は平穏に学習に励める保証があるのかと問われれば、わたしはそうとは限らないと回答しています。

学校説明会などの場で、学校サイドが「わが校にはいじめ問題など一切ない」などと高言を吐いていたとしたら疑ってかかるべきでしょう。

学校の魅力をアピールするために臭い物に蓋をしているのであれば卑劣なやり口ですし、(あまり考えられないことですが)本気でいじめがないと思い込んでいるのだとしたら、それはあまりにもおめでたい考えです。生徒の様子に全く目を向けていないのではないかと呆れてしまいます。

ただし、公立と比較すると私立中高一貫校のほうが「民間」であるぶん、何か問題が露見した際、学校側の対応は迅速であることが多いです。

私学だから「悪評」を流されたくないという防御心もあるのでしょうが、わたしはそれよりも異動の（あまり）ない環境だからこそ、教員間の連携に優れているのが、その最大の理由だと考えています。

さらに、わたしは「改革（変革）」を叫ぶ学校にも、疑いの目を向けるべきだと考えます。教育現場で「改革」「変革」を謳うのは軽佻浮薄だと思うのです。

なぜか。

わたしは学校文化とはリレーの「バトン」のようなものだと考えます。何層にもわたる数多の卒業生たちが緩やかに育み、醸成してきた学校の気風や行事、部活動などの「バトン」を後輩に当たる在校生たちが受け取り、そのバトンを手に中高生活を駆け抜けていく……その営みが何十年、何百年と繰り返され、現在の学校文化が存在しているのです。

「改革」「変革」という一見刺激に満ちたこれらの表現は、この学校文化の特質を理解していないからこそ出てくるのではないでしょうか。

「わが校は系列大学への進学者を減らし、一流大学に○○名以上送り込みます」

「いまの時代に求められているのは社会の即戦力。だからこそ、中高ともにキャリア教育に力を入れます」

「世界に伍するリーダーになるために、ICTをフル活用して、その能力を育成します」

一見歯切れのよい発言ですが、これらはその学校の過去、つまり、卒業生たちの構築してきた学校文化の否定にもつながっているのです。

もし、学校の言う「改革」「変革」が上手くいかなければ、間違いなく数年後にはこんな発言をするでしょう。

「わたしたちの学校は来年から劇的にその教育手法を変革します」

近年、その手の新興校がたくさんあるような気がします。

「伝統」にただ寄りかかっている学校も良くはありませんが、創立以来培われてきた「教育観」を重んじる伝統校は、ちょっとやそっとでは揺るがない教育の「軸」を有している可能性が高いのです。

このような観点でいろいろな学校を調べてみてはいかがでしょうか。

大学合格実績のマジック

さて、保護者がわが子の受験校を考える際に、書店で売られている分厚い「学校案内（入試案内）」を見ることがあるでしょう。

学校の校風や行事など気になる情報がふんだんに盛り込まれていますが、正直に言えば「大学合格実績」が一番気になるという方が多いのではないでしょうか。

「あの学校は早慶上智合計二〇〇名合格だって。すごいなあ！」

「卒業生数一五〇名のこぢんまりとした学校なのに、ＭＡＲＣＨ（明治・青山・立教・中央・法政）以上のレベルの大学に一四〇名も合格しているって。この学校に進学できれば、間違いなくそういうレベルの大学に入れるのね」

そんな保護者に、ここで冷や水を浴びせるようなことを申し上げます。

大学合格実績の数値のマジックには気をつけてください。「マジック」という表現を用いましたが、この場合「まやかし」という意味です。

一例を挙げてみましょう。

とある進学校に優秀な生徒が五名いました。

学校側は彼ら彼女たちに進路指導をおこなう際に、次に挙げる大学・学部を必ず受験するよう働きかけました。

慶應義塾大学・商学部　慶應義塾大学・経済学部　慶応義塾大学・法学部
早稲田大学・政治経済学部　早稲田大学・商学部　早稲田大学・法学部
上智大学・総合人間科学部　上智大学・経済学部　上智大学・法学部

各大学で三つの学部の入試を受けるわけですから、全九回あります。優秀な五名の生徒たちが、これらの入試すべてに合格するとしましょう。

もうお分かりですね。

これで「早慶上智四五名合格!」という謳い文句が完成するのです。

わたしが大学合格実績を「マジック」と表現したのはこういうことをおこない、「実進学者数」を示さない学校が依然としてあるからです。これはウソではないかもしれませんが、「誇大広告」に感じられませんか。

本書を執筆する際に各種データを調べるなかで、たまたまではありますが、近年評判の進学校で「大学合格実績」に誤魔化しがあったことがつい先日判明しました。

今後、受験生保護者を惑わせないよう、これからの学校の「進化」を期待して敢えて実名で記します。

東京都北区に成立《せいりつ》学園という共学校があります。

かつては「成立」という名の高校募集のみの男子校でしたが、二〇〇四年の共学化後、二〇一〇年には中学校を開設。スポーツにも力を入れる一方で、近年は大学進学を強く意識したカリキュラム、コースを設置しています。

「成立学園高等学校　学校案内2021」とタイトリングされたパンフレットの「大学合格実績」のページには「『伸ばす』指導が結果を生む」というキャッチコピーとともに、「二〇二〇年度大学合格実績」が掲載されています。「国公立大学・三五名」「早慶上理・二四名」「GMARCH＋関関同立・一六〇名」「日東駒専・二〇三名」とあります。

国公立大学の内訳を紹介します。

筑波大学・一名　北海道教育大学・一名　信州大学・一名・鹿屋《かのや》体育大学・一名
釧路公立大学・一名　山口東京理科大学・一名　東京都立大学・一名
防衛大学校・二七名　防衛医科大学校医学科・一名

これを見て奇異に映りませんか。そうです。国公立大学・三五名の合格者のうち防衛大学校に二七名と集中しているのです。不自然に思ったわたしは、成立学園をよく知る人物に連絡を取りました。すると、こんな回答が得られました。

「防衛大学校の一般入試（一般採用試験）には一次試験（一一月）と二次試験（一二月）があります。成立学園は一〇〇名程度の生徒を動員して、大学入試センター試験（現・大学入学共通テスト）の練習のような位置づけで受験させるのです。大学校という性質上、試験料はかかりませんし」

そして、こんな驚くべきことをその関係者は口にしたのです。

「二次試験？　いえいえ、誰も受験していませんよ。二次は難関ですし、そもそも自衛隊に入りたいと考えている生徒はいないと思います」

つまり、成立学園は防衛大学校の入校資格を持たない「一次試験合格者」を国公立大学の合格者としてカウントしているのです。パンフレットのどこを読んでもその点には言及されていません。本書を刊行するにあたって、学校側にこの点を直接確認しましたが、この数値は一次合格者数であることをすぐに認めていました。

しかし、何も知らずにこのパンフレットを目にした保護者は、「防衛大学校に二七名が入校資格を得たんだね」と勘違いすることは間違いありませんし、国公立大学合格者を多く見せるために、わざとそうしたと見られても仕方ありません。

大学合格実績の裏側にはこういうこともあるのです。

吉祥女子と頌栄女子を比較する

とはいえ、中学受験生保護者がわが子の志望校を選ぶとき、その学校の出口、すなわち大学合格実績が気になるのは当然ですよね。

それでは、四谷大塚の合不合判定テストの偏差値一覧表（合格率八〇％ライン）でともに第一回入試偏差値が六一と並んでいる「吉祥女子」と「頌栄女子学院」を取り上げ、大学合格実績の見方を説明しましょう。

「大学合格実績」というと、つい「東大に何名合格したか」というようなトップ層の結果ばかりに目が行ってしまいます。しかし、その学校に合格、進学したわが子が、成績面でトップグループに入るとは限りません。

わたしはよく保護者に「その学校の中で成績的に『真ん中』の位置にいる子が、どのレベルの大学に現役進学しているかをチェックしましょう」と伝えています。

それでは、吉祥女子と頌栄女子学院の大学合格実績【表A】を見てみましょう。

【表A】2020年度大学合格者数

	吉祥女子		頌栄女子学院	
	卒業生数258名		卒業生数215名	
	合計	過年度	合計	過年度
東京大	4	1	4	1
東京工業大	3	0	1	0
東京外国語大	3	0	8	0
東京医科歯科大	5	1	3	0
一橋大	3	0	6	0
千葉大	7	2	4	1
筑波大	5	0	5	2
東京農工大	8	1	2	0
お茶の水女子大	1	0	8	0
早稲田大	88	15	98	9
慶應義塾大	58	10	72	8
上智大	42	4	63	3
国際基督教大	1	0	7	0
東京理科大	58	9	29	8

まず、この【表A】で気をつけたいのは、「延べ合格者数」であることと、「過年度生（浪人生）の合格者数」を含んでいることです。大袈裟な例ではありましたが、先に挙げた「五名で四五名分の合格」とある意味同じような数値です。

吉祥女子も頌栄女子学院も「現役進学者数」をウェブサイトにちゃんと公開しています。

つまり、「誰がどの学校に進学したのか」という「現役進学実数」であり、誤魔化せない数値です。それが【表B】です。

続いて、【表C】から、「『真ん中』の位置ならどのレベルの大学に現役進学しているか」がだいたい分かります。「だいたい」と申し上げたのは、複数の大学に合格した生徒が自分の勉強したい学部・学科へのこだわりの強い場合、進学先が必ずしも「偏差値レベルの高い大学」であるとは限らないからです。

【表B】2020年度現役進学者数

	吉祥女子	頌栄女子学院
	卒業生数258名	卒業生数215名
	現役進学者数	現役進学者数
東京大	3	3
東京工業大	3	1
東京外国語大	2	6
東京医科歯科大	3	2
一橋大	3	6
千葉大	5	2
筑波大	3	2
東京農工大	5	1
お茶の水女子大	1	6
早稲田大	22	44
慶應義塾大	25	27
上智大	3	6
国際基督教大	0	4
東京理科大	13	5

【表C】卒業生数に対する現役進学率

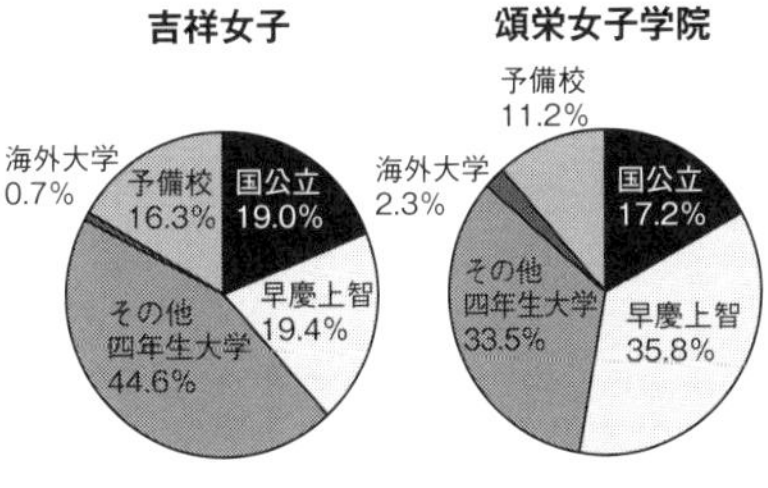

吉祥女子で国公立＋早慶上智に現役で進学する生徒は三八・四％です。言い換えれば、真ん中の位置ではこのレベルの大学は厳しいことを意味します。ワンランク下のＭＡＲＣＨレベルであれば現役で進学できそうです。

一方、頌栄女子学院で国公立＋早慶上智に現役進学するのは五三％。学年で真ん中の成績であれば、これらの大学に進学できる実力があることを意味します。

こう考えると、大学合格実績という側面では頌栄女子学院に軍配が上がりそうな気がします。

しかし、少し別の角度から、この数値をもう一度眺めてみましょう。

【表Ｄ】は「文芸系」「理系」別の進学率を示しています。

これを見ると、約半数が理系に進学する吉祥女子に対して、頌栄女子学院の理系進学率は約二〇％です。「理系」への進学という側面で考えると、今度は吉祥女子に軍配が上がるのです。

【表D】現役進学者数に占める文・理系割合

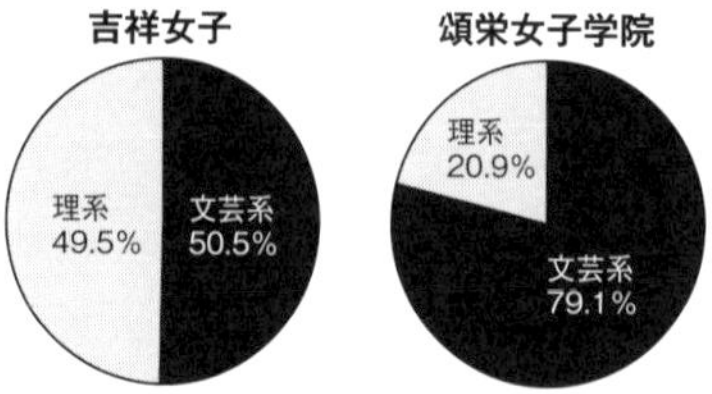

「文芸系」とは文系学部に芸術学部（美術・音楽など）を加えている。

さらに、頌栄女子学院は中学入試で「帰国生」を多く受け入れていて、例年二〇%〜二五%の帰国生が在学しています。「一般生」と「帰国生」別の大学合格実績を見てみましょう。

【表E】を見ると帰国生の大学入試の健闘が光っています。一般生にとっては、先ほどの【表B】【表C】の頌栄女子学院の数値は少し割り引いて見る必要のあることが分かりますね。

吉祥女子と頌栄女子学院の大学合格実績を比較しましたが、これはどちらが良い、悪いという話では一切ありません。

【表E】一般生と帰国生別の現役進学者数

	頌栄女子学院	
	一般生	帰国生
	卒業生数165名	卒業生数50名
	現役進学者数	現役進学者数
東京大	1	2
東京外国語大	3	3
一橋大	4	2
お茶の水女子大	6	0
早稲田大	26	18
慶應義塾大	15	12
上智大学	3	3
国際基督教大	2	2

吉祥女子は文理のバランスがほぼ均等であることに加え、芸術教育にも力を入れていることもあり、例年美大や音大の進学者が一定数存在するという特徴もあります。

頌栄女子学院の英語教育は定評があり、学校関係者に話を聞くところによると、一般生と帰国生とが交じり合って学校生活を送り、互いに刺激し合える環境になっていて、このことが在校生全体の英語運用能力を引き上げる秘訣になっているとのことです。

二校を例として挙げましたが、保護者の皆さんにとって「大学合格実績」の見方が変わるヒントになるのではないでしょうか。

学校説明会ではここをチェック

中学入試を志すわが子の学校選び。わたしが保護者からよく質問を受けるのは、「学校説明会に行きたいが、その学校の何をチェックすればよいか?」という点です。

わたしの考える学校説明会でのチェックポイントは、これです。

中高六年間で、どんな子どもたちに育てたいと学校側は考えているか

えっ、それだけですか? そんなふうに戸惑い、拍子抜けするかもしれませんね。そうです。この一点のみで構いません。この一点を保護者にしっかりと伝えられる学校、訴えることのできる学校は「良い学校」だと、わたしは考えています。

もちろん、説明会で話される内容は、学習カリキュラムのこと、行事のこと、部活動のこ

と、進路指導および大学合格実績のことなど多岐にわたるでしょう。でも、それらはいま申し上げた「中高六年間で、どんな子どもたちに育てたいと学校側は考えているか」という点に付随するものでしかありません。

ここを無視して表面的な説明に終始するような学校があれば、果たして信頼を置ける学校なのか立ち止まって考えてみることです。

秋になると数多くの私立中学校で学校説明会や文化祭がおこなわれます。もちろん、これらのイベントには足を運んでみるべきです。その学校をより知るための資料も多くもらうことができるでしょう。しかし、これらは「その学校の公のイベント」です。外部公開の「よそゆきの姿」であることが多いのです。

私はその学校の本質を見きわめたいのであれば、普段の学校の様子を見に行かれることを勧めています。

たとえば、登下校の際の在校生たちの表情や身振り手振りを観察するだけでも、「どんな教育が施されているのか」を垣間見ることができますし、良くも悪くもその学校の意外な一面を発見できるかもしれません。お子さんの将来像と重ね合わせて観察するのもよいかもしれませんね。

また、志望校選びの際、保護者は「羅針盤」的な役割を全うすべきです。中高六年間通うのはわが子なのですから、ここで子どもを置き去りにしてはいけません。

「学校説明会」以外に、学校の魅力を受験生本人に知ってもらいたいという思いで、春から夏にかけてさまざまなイベントを企画・実施する学校がたくさんあります。

近年は学校の授業や部活動に参加できる「オープンキャンパス」をおこなう学校も増えてきました。

保護者は受験生であるわが子に、この種のイベントに参加するよう促してほしいと考えます。

その理由としては、子が心から通いたいと思える学校を発見するきっかけになるということと、それにより、日々の受験勉強にいままで以上に精励できるきっかけになる可能性があるからです。

二〇二〇年はコロナ禍の影響を受けて、「密」の状態になるのを避けるため、この手のイベントの大半が中止になってしまいました。仕方のないことではありますが、一日でも早くこの種の外部に開放したイベントが再開できる状況になることを願っています。

実際、学校見学をしたことで、受験生がその学校を第一志望校にするようなケースを、わたしはたびたび目にしてきました。

わたしの塾に通っていた女の子の話です。

彼女は第一志望校を決めかねていました。そこで、ある女子校の「見学会」で中学生になったら入りたいと望んでいた「バレーボール部」の活動の様子を見に行ったのです。すると、高校生の先輩がその子の手をとって、バレーボールの練習に付き添ってくれたそうです。

小学生の女の子にとって高校生の先輩は「大人」であり、憧れる対象でしょう。

実際、彼女はその先輩の魅力にすっかり「やられて」しまいました。恍惚とした表情で「わたしは絶対にあの学校でバレーボールをしたいんです」とわたしに語ってくれました。

その子の受験勉強は決して順風満帆にはいきませんでした。

模擬試験の成績で厳しい結果が出てしまい、志望校を変更するかどうか本人と面談したこともあるくらいです。でも、「わたし、勉強がんばります。あきらめたくありません」。この熱意が実り、受験本番までの残り数ヵ月で彼女の学力はぐんぐんと伸びていきました。そして、見事に第一志望校であるその女子校に合格したのです。そのときの彼女の嬉しそうな顔はいまでも心に残っています。

中学受験の主体は子どもです。

子が自ら「あの学校に行きたい！」と心から思えれば、それが受験勉強へのモチベーションをぐんぐん高めていく原動力になります。

「学校の理念」や「教育方針」「その学校の（偏差値上の）レベル」「大学合格実績」などは、保護者にとっては学校選びの大切な尺度となるでしょう。

しかし、子にとってはそれらのものはあまり響きません。すなわち、自分がその学校に通う姿が「イメージできる」体験をすることで、心から合格を望むようになるのですね。

この章の最後に一言。

「わが子に合う」学校は、おそらく存在しません。

どんな学校であっても、第一志望校合格が叶わなかったとしても、入学した学校で日々充実した生活を送っていく中で、その学校の「空気」に全身が徐々に馴染んでくる。そういうものだとわたしは考えています。

いろいろな学校を調べ、そして見て回ってください。

中学入試で受験する学校は一校だけではありません。

この学校もいいけれど、あの学校もいいな……そんなふうに親子ともに満足できる学校に幾つも出合えることを願っています。矛盾した物言いかもしれませんが、「第一志望校」は一校でなくとも構わないのです。

第三章　中学受験塾という世界

【この章のポイント】
●何年生から通わせるべきか
●四大塾の特徴を比較する
●塾の合格者実績に潜むカラクリ
●子どもが「塾を辞めたい」と言い出したら

塾に通い始めるタイミング

中学受験をするに当たって塾は欠かせない存在です。受験生の中には塾に一切通わずに中学入試に挑戦する子もいるかもしれませんが、せいぜい数百人に一人いるかいないか……。そんなところです。

それでは、中学受験塾の果たす役割はどういうものがあるのでしょうか。大雑把に三点示します。

1．中学受験塾はサービス業、すなわち代行業であり、ライバルたちと競い合いながら子が学習に励むことのできる場を提供するとともに、保護者に代わって中学受験に向けた指導をおこない、子の成績向上に努める

2．保護者に子の学習状況を逐一報告するのはもちろんのこと、最新の中学受験情報を随時伝えていく

3．子の成績を冷静に分析するとともに、「受験校選定」に向けたアドバイスをおこなう

第一章で触れましたが、中学受験塾に通い始めるタイミングとして多いのは、小学校三年生から小学校四年生にかけてです。中でも小学校四年生から塾通いを始めるケースが一般的です。

では、小学校三〜四年生から塾で学ばなくては中学入試に間に合わないのでしょうか。そうではありません。

多くの中学受験塾では「五年生」「六年生」の二年間をかけて、中学入試において出題される学習範囲を網羅できるようにカリキュラムを組んでいます。ですから、五年生からの中学受験勉強であってもカリキュラム上の支障はないのですね。

それにもかかわらず、なぜ三〜四年生から塾通いをされる方が多いのでしょうか。

わたしが経営するスタジオキャンパスの授業回数・時間を例に挙げて説明しましょう。

【例・スタジオキャンパス・一週間の学年別授業回数と授業時間】

小三　週一回　授業時間・一時間二〇分（週）

小四　週二回　授業時間・四時間（週）

小五　週三回　授業時間・十一時間二〇分（週）※その他、土曜日のオプション講座有り

小六　週三回　授業時間・十二時間(週)※その他、土曜日・日曜日のオプション講座有り

これを見ると瞬時にお気づきになると思います。そうです。「小学校四年生」から「小学校五年生」に進級すると一気に授業時間が増えるのです。これはわたしの塾に限った話ではありません。

小学校五年生から中学受験勉強をすることは進度面では問題ありませんが、塾が求める質量にしっかりとついていくためには、基本的な学習姿勢が身についていなければなりません。そうでないと塾での学習を吸収、消化することは難しいからです。

つまり、小学校五年生以前から塾に通うのは、小学校五年生からの本格的な受験勉強に備えた「助走」をおこなうためなのです。

家に帰ってきたら、すぐにテキストを開いて復習をする……。来週の確認テストに備えて日々の計算練習や漢字練習を欠かさない……。分からないことがあれば恥ずかしがらずに質問する……。初めて目にする用語を辞書や図鑑で調べる……。小学校五年生以前は、受験勉強で必要不可欠なそういう基本姿勢を培うための期間なのです。

もし、お子さんが一人で淡々と学習を進めていける、加えて、好奇心も旺盛であり、自分から分からない問題や知識を積極的に調べて身に付ける姿勢があるならば、小学校五年生からの塾通いでも全く問題はないでしょう。

しかし、わが子を観察して、どうもそういう姿勢は培われていないようだ、と保護者が思われるようならば、小学校五年生以前から塾に子を託したほうがよいでしょう。

最近は小学校一年生、二年生から塾通いを始めるケース、いわゆる中学受験の早期化が進行しているように感じています。

塾は算盤《そろばん》やピアノ、習字やスイミングといった習い事と同列の存在、習い事の一つであるという位置づけで、保護者が熱くなって子に学習のあれこれについて無理を強いることがないならば、低学年からの塾通いはアリなのかもしれません。

が、塾が子の生活の「メイン」のようになってしまい、保護者が子の学習状況に対して一喜一憂、感情的になってしまう危険性があるのならば、早期の塾通いはやめたほうが無難です。小学校低学年のうちから「勉強嫌い」になってしまった子の「修復」は相当骨の折れるものです（本当に大変なのです）。

塾側の都合で言えば、売り上げを安定させるために早期から「塾生」を確保したいという思惑があるのでしょう。

「早期から塾に通うべきだ」という塾サイドからの営業トークに対し、保護者は用心深く耳を傾けて判断してほしいと考えます。

大手塾か、小規模塾か

わたしは自塾に問い合わせてきた保護者と面談をしている際に、次のような質問をよく受けます。

「塾を検討していて、いろいろな塾を見て回っていますが、正直どこにしようか悩んでいます。中学受験は大手塾が安心だと聞くのですが、わが子が大勢の子どもたちの中での競争についていけるかが不安ですし、小規模の塾だと面倒見が良さそうな気がしますし……」

この保護者のお悩みは理解できますが、大手塾の見方についても小規模塾の見方についても、このように言い切ってしまうのは早計です。

大手塾は確かに「確立されたシステム」があるため、敷かれたレールに乗るだけで何とかなるのではないかと、つい期待してしまいますね。しかし、大切なのは、システム云々以前に、子がその塾を好きになり、自ら多くの知識をどんどん吸収していける環境なのかどうかということです。そういった子の主体性を引き出す講師に出会えるかどうか……極言すれば、それが塾選びの最重要ポイントです。

大手塾の短所はアルバイト講師に依存せざるを得ないところが多い点です。試しにネットで「塾講師　アルバイト　大学生」と検索してみてください。有名大手塾がずらりと並ぶはずです。もちろん、アルバイト講師ではあっても親身に指導をしてくれ、学力向上に導いてくれる人はたくさんいます。しかしながら、「この仕事で一生食べていく」という思いを持った正社員のほうが、「良い講師」である可能性は高いでしょう（あくまでも確率論ですが）。

また、何十、何百もの校舎を抱える大手塾は毎年の人事異動が付きものです。保護者のお気に入りであり、子の優れたメンターとなってくれる講師が翌年も担当してくれるとは限りません。

一方で小規模塾は面倒見が良い……そうとも言い切ることができません。確固たるシステムを有している大手塾と比較すると、「自転車操業的」に運営している塾がたくさんあります。

塾というのは実にお手軽に起業できる業種です。だって、「講師」がいて「部屋」があり「机や椅子」があって「黒板やホワイトボード」があれば、すぐに立ち上げることができますから。さらに、塾講師には免許すらありません。誰だってすぐに塾を起業できるのです。

わたしの塾には大小問わず多くの「他塾」から移ってくる子どもたちがいます。

「質問をしても全く答えてもらえなかった」「先生が解答を見ながら授業をしていた」「中学受験を希望しているのに、小学校準拠の教材しか扱わなかった」……こんな信じられない事例を何度か耳にしたことがありますが、その多くは個人塾をはじめとした規模の小さなところばかりです。

塾通いの決断は親の意志で

中学受験に向けた準備として塾通いを始めるタイミングは小学校四年生がもっとも一般的だと申し上げました。だからでしょう、小学校三年生にもなると、子どもたちの周囲では「〇〇ちゃんは〇〇塾に通うみたい」とか、「わたし、〇〇塾に行くから一緒に通おうよ」とか……そんな塾に関する話題でもちきりになるのです。

とりわけ、中学受験熱の高い都心の小学校では、塾の話題は「お天気の話」のようにごく自然とされるものです。そして、仲の良い友人の影響を受けた子が「自分も塾に通って中学受験をしたい」と言い出すケースがしばしば見られます。

しかし、まだ小学校三年生。周囲に流されてそう口にしているだけであり、子の心に中学受験に向けた「確固たる意志」など存在しないでしょう。そもそも「中学受験」って何なのか？　「塾」ってどういう空間なのか？　それすら全くイメージできない状態なのではありませんか。これは何もわが子に限った話ではなく、塾や中学受験の話題を振ってくる友人たちも似たり寄ったりでしょう。

このような理由で、中学受験に向けて塾通いさせるか否かは子どもではなく、保護者の意志で決断すべきだとわたしは考えます。

たとえば、子に中学受験の道を選択させるメリット・デメリットを夫婦間で考え、その上でどうすべきかを膝を交えてとことん話し合う時間を設けるべきでしょう。本書の第一章がその参考材料になるはずです。

もし、わが子を中学受験させるかどうか悩んでいて、どうにも決断できない状況であれば、思い切って試しに塾通いさせてみるのも手です。そして、しばらく「様子見」に徹してみてください。学ぶことが思いのほか好きだった、あるいは、特定の科目に拒否反応を示してしまった、など塾通いすることでそれまで保護者には見えなかったわが子の姿が顕然とするかもしれません。

日々子どもたちと接したり、保護者からご家庭や学校でのわが子のエピソードを聞いたりすると、子は場によってその顔を使い分けていることがよく分かります。家庭では甘えん坊で幼稚に見えても、塾ではしっかり者で通っているようなタイプの子もいます（その真逆のタイプの子もいます）。

一度、第三者にわが子を預けてみると、子の「多面性」を見出す機会にもなります。

ですから、塾に通わせてみて、このまま中学受験に向けた勉強を続けるか続けないかを時間をかけて見極めていくのもよいと考えます。どの中学受験塾も小学校五年生からが本格的な「受験勉強」のスタートです。言い換えれば、小学校四年生以前は「進退」を決められる比較的余裕のある時期だと言えるでしょう。

さて、大切な塾選びについてです。

まずは、保護者がわが子の通塾候補となる塾をいろいろと探してみてください。

塾探しの材料としては、すでに塾通いしている保護者からの「口コミ」が大変参考になります。ただし、その話を鵜呑みにせず、保護者が直接塾に足を運び、その塾の教育方針、指導方法、教材やカリキュラムなどの説明を受けたり、その塾の雰囲気を感じてみたりした上で、（できれば複数の）良さそうだなと感じた塾の授業を子に受けさせるべきでしょう。

その際、留意したいこととしては、子ども自身に塾を選ばせること、いや、子が自らその塾を選んだように思わせることです。

もちろん、ここには保護者の意向を働かせるべきだと思いますので、「〇〇塾の先生たちってとても雰囲気が良かったね」とか「〇〇塾だと成績がぐんと伸びそうだね」などの「誘導」は多少あってもよいでしょう。

いずれにせよ、子が「わたし、〇〇塾に通いたい」と自ら発言するように導くことが大切です。

中学受験勉強は「山あり谷あり」です。塾に通い始めてから順風満帆に中学入試本番を迎えられるような子はほとんどいません。大半の子が「塾を辞めたいなあ」と言い出したり、勉強が思い通りに進まずスランプに陥ったりするものです。そんなときに、保護者が「あなたの意志で選んだ塾でしょ」とビシッと言える「証言」を最初に得ておくことが大切です。

ただし、大手塾の一部では「体験用の授業」を用意しているところがあります。指導経験の豊富な講師が「見栄えの良い」授業を提供して、体験生たちに塾に入りたいと思わせる……でも、塾通いを始めたら、その講師には一切教われなかった、なんてこともあります。できれば、普段の授業を体験できるところがいいですよね。

大切なことなので繰り返しますが、塾選びのポイントは「どんな講師に習えるか」です。この点については大手塾も小規模塾も関係ありません。

塾のブランドに意味はない

わたしの塾に通う男の子から、こんなことを冗談交じりに言われたことがあります。

「スタジオキャンパスに通っているのって、小学校では俺くらいだから何だか肩身が狭いんですよねえ。周りは○○塾に行っている子ばかりで、『お前、そんな聞いたこともない塾に通ったって合格できないぞ』なんて言われちゃうんです」

聞いたこともないような塾で悪かったな……と男の子の正直な「告白」に対し、わたしは心の内で毒づきましたが、実はこの手の話は保護者からもよく聞くのです。

「〇〇塾に行かないと男女御三家（麻布・開成・武蔵、桜蔭・女子学院・雙葉という難関校の総称）レベルに達する学力が得られないのではないか」

「〇〇塾は〇〇中学校のノウハウがたくさんあって魅力的だ」

そういえば、大手塾からわたしの塾に移ってきた子の保護者が、こんなことをこぼしたことがありました。

「〇〇塾で付いていけず転塾なんて、『都落ち』したようで落胆しています。難しい学校はもう狙えないのかなあって……」

ローカルな塾で申し訳ありませんねと心の中で毒づきながら（しょっちゅう毒づいていますね）、わたしは笑顔で返答しました。

「〇〇塾に行っているからといって難関校に受かる保証なんてありませんよ。お子さんが転塾を前向きにとらえられるようなお声がけをお願いします」

これは決してポジショントークではありません。母集団の小さなわたしの塾でも、毎年「難関校」と形容される中学校に合格する子は何人もいますし、最後まで大手塾に通っても不本意な結果になる子も多くいるのです。

たとえば、A中学校という難関校があるとしましょう。ある大手塾はこのA中学校に二〇〇名の合格者を輩出していて、他塾を合格者数で圧倒しています。

でも、この塾から「二〇〇名受験して二〇〇名合格」なのでしょうか？　そうではないですよね。おそらく合格者の倍以上の「不合格者」がそこにいるはずです。

ブランドのある塾に通えば、中学受験が上手くいくというのは幻想ですし、甚だ受け身の考え方でしょう。

中学受験勉強で求められるのは、子が自ら学習に励むこと。これ以外にないのです。塾のブランドの有無にかかわらず、保護者と子が結果として「この塾が一番だ」と心から思えるようになればいいのです。そうは思いませんか？

中学受験は課金ゲームではない

中学受験はお金のかかる世界です。これは間違いありません。

各学年で一年間に要する塾の費用（平常授業だけでなく、講習会やオプション講座を含む）はどのくらいになるのでしょうか。おおよそではありますが、大手塾の費用を平均すると次のようになります。

小学校三年生……二五万～四〇万円
小学校四年生……四五万～六五万円
小学校五年生……七〇万～九〇万円
小学校六年生……一一〇万～一四〇万円

こんなことを言うと自らの首を絞めるようですが、わたしの経営する中学受験塾は「高額な塾」の部類に入ります。全員ベテランの正社員講師で少人数定員制指導をおこなっているので、採算を合わせようとすると、どうしても費用がかさんでしまうのですね。塾によっても費用はさまざまですので、いま挙げた塾の費用については、あくまでも一つの目安として見てください。

さて、高瀬志帆さんの『二月の勝者─絶対合格の教室─』（小学館）というマンガが、中学受験生保護者のみならず塾関係者の間でも話題になっています。塾講師目線でさまざまなご家庭の中学受験模様を描いた作品は、リアリティがあって読み応えがあります。取材を相当重ねて作り上げているのでしょう。

このマンガに登場する受験生の母親が、中学受験を「課金ゲーム」にたとえ、敏腕講師が

（おそらく本心ではないでしょうが）「その通り」と口にする場面があります。

果たして、中学受験は「課金ゲーム」なのでしょうか？

最近はスマホゲームにはまって、知らず知らずのうちに膨大なお金を使ってしまうことが問題になっていますね。最初は無料で始めることのできたゲームでも、利用者側がお金を支払う、つまり、「課金」すれば、「さらに別のシーンで遊べ」たり「ゲームの主人公には強大な武器を持たせられ」たりして、ゲームを楽しもうと思えば思うほどお金が消えていく……そういう仕組みです。

これを中学受験に適用して考えてみましょう。

「運営者側」が「中学受験塾（あるいは、家庭教師など）」、「利用者側」が「保護者」、「ゲームの主人公」は「子」に相当します。子の成績レベルを向上させるためには中学受験塾に「課金」する必要があるのでしょうか。

この点について、わたしの回答は少し歯切れの悪いものになります。

「中学受験塾が設定している平常授業に加えて、小学校の休暇期間におこなわれる季節講習会は参加したほうがよい。小学校五年生、六年生になれば、子にとって有益と感じられるオプション講座も積極的に受講してほしい。しかし……」

わたしが、「課金」が意味をなさないどころか、かえって子の成績を低迷させるきっかけになると痛切に感じているのは、「他塾」と併用する場合です。

中学受験生たちはメインの塾で四科目（あるいは二科目）の学習を進めていきますが、成績面で科目間のバラツキが出始めると、「個別指導塾で苦手な算数を見てもらおう」とか「家庭教師を付けて国語の記述の添削指導をおこなってもらおう」とか、保護者がわが子の学力面の不安から「あれもこれも」と「併用」させようとするケースが目立ちます。

中学受験が終わったあとに振り返ると、小学校六年生の一年間で二〇〇万円、三〇〇万円を費やしてしまっていたなんていうことも、ざらにあります。

もちろん、それらの「併用」が功を奏することもあるのですが、別の指導を受けることで「メインの塾と指導の仕方が乖離《かいり》していて子が混乱してしまう」「宿題量が増えてしまい、子が勉強を嫌がるようになってしまった」……そんな声もよく聞かれるのです。

ゲームとは違い、「課金」したからといって事態が好転する保証は何もないのですね。

そして、中学受験は「ゲーム」、すなわち「勝負事」ではないと強く感じます。中学入試は子の人生の岐路の一つであり、合格したから「勝ち」、不合格だから「負け」と単純に断言することのできない世界です。中学入学以降も子の学びはずっと続いていくのですから。

首都圏「四大塾」それぞれの特徴

中学受験塾にはさまざまなタイプがありますが、首都圏にはいわゆる「大手」と呼ばれる塾が幾つかあります。その中でも数多くの生徒数を抱えている四つの塾を「四大塾」と言い表します。この「四大塾」の特徴を簡単にまとめましょう。

SAPIX……難関レベルの学校に最も多く合格者を輩出する塾です。授業進度が比較的速いのが特徴的で、生徒たちにかなりの量の家庭学習を求めるスタイルです。また、SAPIXの中でも規模の大きな校舎になると、各学年一五クラス以上の学力別クラス編成がなされているため、毎月のテストでのクラス昇降が激しい面もあります。

日能研……「シカクいアタマをマルくする。」のキャッチフレーズや、電車内の「入試問題付きの広告」は有名です。他の塾と比較すると、一クラス当たりの生徒数が多い傾向にあります。クラスの変動は二ヵ月ごとにおこなわれ、成績で席順が変わります。学習カリキュラムが緩やかなのも特徴的です。難関校から中堅レベルの学校まで幅広く合格者を輩出しています。

四谷大塚…「予習シリーズ」というメインテキストがあり、このシステムやテストを取り入れた「四谷大塚の準拠塾」がたくさん存在します。「週テスト」と「月例テスト」を組み合わせて学習範囲の定着を随時確認しています。宿題の分量はやや少なく感じられます。大手予備校のひとつで衛星授業が有名な「東進ハイスクール」の運営会社であるナガセの一部門であり、東進ハイスクールのノウハウを活かした授業動画が充実しているのも特徴的です。

早稲田アカデミー……四谷大塚の予習シリーズをメインに用いて指導します。体育会系気質の塾であり、「本気でやる子を育てる。」を教育理念に掲げています。その理念通り、厳しく熱い指導をおこなう講師が多いのが特徴です。宿題量はやや多いように感じます。一万二〇〇〇人を集める夏期合宿は名物。オプション講座の一つである志望校別クラス「NN（何がなんでも）志望校別コース」は、自塾生のみならず他塾生も大勢受講しています。

大手塾以外にもいろいろな種類の中学受験塾が存在します。四谷大塚の教材に準拠した中小塾であったり、独自路線の色濃い塾もあったりします。また、「算数専門」「国語専門」といった一教科のみの指導に集中した個人塾も数多くあります。また、大手塾の「併用生」を対象にした個別指導塾も中学受験の盛んな地域にはたくさん存在します。

ちなみに、わたしの塾は二校舎あり、一つは「自由が丘駅」、もう一つは「三田駅」を最寄りとしています。特に「自由が丘駅」周辺は中学受験塾が林立しているレッドオーシャンと形容できるエリアです。本書の執筆を機に思い当たる自由が丘駅周辺の塾を声に出していったら、実に二〇を超える塾の名が挙がったくらいです。

良い塾・ダメな塾の見分け方

「良い塾」「ダメな塾」とは何か？　これはなかなか明確に区別できることではありません。ここまで読んでくださった保護者は同意してくれることでしょう。塾とは結局はどんな講師に出会えるか？　これが重要なのです。

万人に受け容れられる塾はないですし、万人にとって悪い塾など存在しません。もし後者のタイプの塾があれば、とっくにその姿を消していることでしょう。

しかしながら、塾を選定する上でちょっとしたチェックポイントがあります。それらを五点にまとめ、それぞれに簡単な解説を付しておきましょう。

1．教育理念・指導方針・指導カリキュラムがちゃんと存在しているか

これらが明文化されていることが重要です。「教育理念」「指導理念」はその塾がどういう考えのもとで子どもたちを指導しているか、その「軸」をスタッフたちが共有できているかどうかが大切です。

中学受験生の大半は四科目の学習をおこないますし、その際に複数の講師が指導に当たることがほとんどです。講師によってバラバラなことを言っていたら、保護者も子も、どのように学習を進めていけばよいのか分からず、混乱してしまいます。

2．子どもたちが勉強に専心でき、かつ家庭をケアできる環境を整えているか

広い空間をパーティションやパネルでただ区切っているような塾は論外です。コロナ禍の対策云々ということだけではなく、隣の「教室」の声が丸聞こえのまま授業を受けても、なかなか集中できません。塾を見学する際は、内装がしっかりしているかどうかをチェックすることが大切です。内装に手間をかけていない塾は、子どもの学習環境構築より経費削減を優先してしまっている証です。

また、家庭へのケアが厚いかどうかも肝心です。講師がいろいろな校舎を回って指導す

るような塾は要注意です。担当講師と電話ですぐに話せたり、その日のうちに面談できたりする体制が整っている塾が良いでしょう。ここを面倒くさがるような塾は、そもそもサービス業として機能していません。

3. 毎年安定した塾生数を保ち、幅広い学校の合格実績を有しているか

塾自体に魅力がなければ、塾生数は安定しないものです。塾の説明会や見学会の際に、その校舎の塾生数をチェックしましょう。また、どのエリアから通塾しているのかも細かに尋ねるべきです。子の性格次第で、同じ小学校の子がたくさん在籍していたほうが良いケースと、そうでないケースの両面があります。

そして、「合格実績」で見るべきところは、幅広いレベルの学校に合格しているかどうかです。難関校の数ばかりが目立つようであれば「強気」の受験指導をおこなう、裏返して言えば、「全敗」するような子が続出する塾である可能性も否めません。

加えて、大手塾の合格実績は何十、何百という校舎の「合算」です。通塾候補となるその校舎単独の結果を調べましょう。ここが公表できないのであれば、その校舎の中学入試結果は上手くいっていないと見て間違いないでしょう。

4．ホームページの更新は頻繁におこなわれているか

これは塾に限った話ではありません。三年前からホームページの更新がおこなわれていない塾があれば、正常に運営されているのか心配ですよね。

また、わたしの主観ではありますが、ウェブサイトで、合格体験記などに「講師と生徒がツーショットで写っている」画像を掲載しているような塾、画像処理がされておらず塾生の顔出しをおこなっているような塾には気をつけたほうが賢明です。生徒の個人情報に鈍感であるだけでなく、自塾のアピールばかりに目を向けたスタンスが透けて見えるからです。

「偏差値がこの短期間で○○伸びた！」などと謳う塾も疑ってかかったほうがよいでしょう。

5．事務の受付対応や料金受領などのシステムはちゃんとしているか

大手塾も含め「返金処理」のトラブルの話はよく耳にします。たとえば、「塾を辞めるのであれば、一ヵ月前の申告が必要である」などとしているケース。提供していないサービスの対価を顧客に求めるのは法的にもおかしいとされています。

また、塾によっては事務スタッフがいないところがあります。そのようなところは講師

が事務作業員を兼ねていて、指導になかなか専念できないところもあるようです。

これに付随する話ですが、塾講師は男性の占める割合が大変に高く、事務スタッフがいないと「全員男性」で構成される歪《いびつ》なことになってしまいかねません。このような塾に女の子を通塾させるのは避けたほうがよいでしょう。小学校高学年にもなれば、女の子の身体に男性では決して対処できない事態が生じることもあります。

塾の合格実績のカラクリ

二月の中学入試本番を終えると、たくさんの塾からその年の「合格実績」を掲げたチラシが新聞に折り込まれます。と同時に、週刊誌が「中学受験に強い塾」などといった特集を組み、これらの実績数値に基づいて各塾の「力量」を分析、判断することもあります。

もちろん、これらの数値には参考になる面もありますが、保護者はその数値に惑わされない、あるいは、頭から信用しないという姿勢を持つことが大切です。

「御三家合格二〇〇名！」とか「難関国私立中学校一〇〇〇名！」といったその数値を築いたのは所詮「他人の子」なのです。わが子がそこに入れるかどうか分かりません。

そして、これらの合格実績から決して伝わらないことがあります。それは「不合格者数」です。首都圏の中学入試は激戦であり、第一志望校に合格できる子のほうが圧倒的に少ないのですから。

しかも、これらの合格実績にはある「カラクリ」があります。この点を保護者は押さえておくべきでしょう。

次の表を見てください。


大手塾を中心に、幾つかの塾の二〇二〇年度の主要難関中学校の合格実績数値が示されています。

ここで注目してほしい値があります。

「各塾合格者総数」と「入試合格者数」です。後者は学校側が発表した二〇二〇年度の合格者数（補欠合格・繰り上がり合格を含む）です。

「あれ？　何だかおかしいな？」

そう思いませんか。

そうなのです。どの学校も「各塾合格者総数」が「入試合格者数」を大きく上回っています。これは何を意味しているのでしょうか。

これは、一人の生徒が複数の塾に在籍していたことを表しています。たとえば、一人の受験生の結果がＳＡＰＩＸ、早稲田アカデミーそれぞれの合格実績として反映されるようなケ

2020年度主要塾別の中学入試合格実績一覧

中学校名	SAPIX	早稲田アカデミー	日能研	四谷大塚	栄光ゼミナール	市進学院	グノーブル	TOMAS	その他※	各塾合格者総数	入試合格者数
麻布	183	67	65	73	17	7	19	11	68	510	約395
開成	286	111	38	106	16	17	11	10	77	672	約445
武蔵	52	74	30	60	14	1	9	3	26	269	約195
桜蔭	172	69	29	65	3	11	12	6	19	386	293
女子学院	148	60	50	54	4	4	10	12	23	365	約280
雙葉	61	31	16	28	5	3	4	3	10	161	121
筑波大駒場	94	39	12	25	7	3	10	9	26	225	約140
駒場東邦	183	31	36	44	7	1	11	11	38	362	297
聖光学院	239	79	38	76	12	1	14	11	63	533	約340
栄光学園	129	23	54	31	6	2	17	4	44	310	約270
フェリス女学院	76	3	61	19	1	4	2	3	61	230	約200
早稲田実業	56	78	13	71	7	1	2	5	7	240	157
早大学院	51	79	13	54	6	1	4	5	8	221	約140
早稲田	179	171	63	156	17	10	10	10	39	655	467
慶應義塾普通部	104	59	19	44	3	1	7	10	20	267	約200
慶應義塾中等部	146	61	26	57	1	1	8	12	22	334	約240
慶應義塾湘南藤沢	45	41	16	36	4	0	3	5	35	185	約140
渋谷教育学園幕張	338	157	95	165	23	53	28	17	78	954	698

※入試合格者数には、補欠合格者数・繰り上げ合格者数を含む（これらの合格者数を公表しない学校もあり、この場合、推定合格者数となる）。
※「その他」には以下の各塾の合格者総数を反映している。ena・啓明館・CG啓明館・臨海セミナー・啓進塾・希学園・浜学園・英進館・おぎしん・スタジオキャンパス・ジーニアス・アントレ・SS-1・中学受験ドクター

ースがたくさんあるということです。

よくあるケースは、六年生の後半になって「志望校別コース」や「個別指導」のみを、普段通っている塾とは別の塾で受ける場合です。こういった場合はほぼ例外なく、複数の塾の合格実績に当人の「合格結果」が組み込まれるのです。

とある難関男子校の広報担当の教員と談笑していたとき、彼はこんなことを言いました。

「最近はウェブ出願するときに『通塾名』を入力してもらっています。合格者が通っている塾ごとの人数を算出してみると、不思議なことがあります。○○塾って、ウチの合格者を○○名と打ち出しているのですが、データを見たら、その半数もいなかったのですよ」

そういえば、二〇二〇年はコロナ禍の影響を受けて、いろいろな塾が「オンライン授業」を導入しました。普段通っている塾とは別に、「オンライン指導」をおこなう塾を活用した結果、一度も足を運んだことのない塾の合格実績にカウントされる子がさらに大勢出てくるのでしょうね。


こんな合格実績の「ウラ技」もあります。

たとえば、「早慶○○名合格!」と誇らしげにアピールしている塾をよくよく調べてみると、首都圏にある早大学院、早稲田実業、慶應義塾普通部、慶應義塾中等部、慶應義塾湘南藤沢の合格者総数ではなく、佐賀県にある早稲田佐賀、大阪府にある早稲田摂陵の合格者数を多く含んでいた……。ともに首都圏にある早稲田大学の付属校よりはるかに入りやすいところです。

わたしは、この両校を貶《けな》したいわけではありません。しかしながら、「早慶〇〇名合格！」という宣伝文句を謳いたいがために、一月におこなわれる両校の東京会場入試に、進学することなど考えていない自塾の受験生を「動員」するのはどうなのかと感じています。

保護者は各塾の「合格実績」を冷静に眺める姿勢を身に付けておきましょう。

カリスマ講師は要注意

私事で恐縮ですが、わたしが初めて自著を刊行したのは二〇〇八年です。その本のタイトルは『カリスマ講師がホンネで語る　中学受験で子どもを伸ばす親　ダメにする親』（ダイヤモンド社）です。もちろんこのタイトルを付けたのは出版社ですが、「カリスマ講師」などという大仰な冠を付けたのは、世に知られていない塾講師ゆえ、少しでも「箔」を付けてやろうじゃないかという親切心だったのでしょう。

さて、わたしは「カリスマ講師」なのでしょうか？

こう書きながら吹き出しそうになりましたが、もちろんそんなことはありません。わたしの指導が万人に受け容れられ、担当した子どもたち全員の成績を劇的に伸ばせたかというと、残念ながらそんなこともありません。

「矢野先生はちょっと厳しいからいやだ」

「矢野先生より○○先生のほうがいい」

そんなふうに言われることもときにはあります（ショックではありますが）。

というより、中学受験界に「カリスマ講師」など不在だろうとわたしは思うのです。

そもそも「カリスマ」とは「神様から賜った超人間的、非日常的な資質であり、大衆を心酔させ、扇動する能力」とされています。ですから、「中学受験」という狭い世界に適用すべき表現ではありません。

実際は「カリスマ講師」を「凄い先生」という、ちょっと「軽い」意味で用いている宣伝文句の一つなのでしょう。

世間から「カリスマ講師」と形容されている中学受験指導者の顔を何名か思い浮かべましたが、果たして、彼ら彼女たちの指導力が抜きん出ているのでしょうか。わたしは決してそうは思いません。

むしろ、「カリスマ講師」などと周囲に持ち上げられることで、その指導に絶大な自信を持つことが自らの「足枷」になるような人物の事例を、わたしはこれまで耳にしてきました。

そういう「自称カリスマ講師」は自分の指導法、教育観は間違いのないものだと思い込み、周囲の切言を受け付けない頑迷固陋《がんめいころう》な人が多いように感じますし、そういう講師の傲慢さに嫌気が差して、わたしの塾に移ってくる塾生にこれまで何人か出会ったことがあります。

塾は「人」であると言いましたが、わが子の担当が「カリスマ講師」と呼ばれる人物である必要はないのです。そうではなく、わが子に対して親身に接してくれる、ご家庭からの相談をしっかり聞いて適切なアドバイスをくれる……そういう誠実さを備えた人物こそ「良い講師」なのだとわたしは考えています。

志望校別コースを受講すべきか

「ウチの子の第一志望校は○○中学校なのですが、やはり他塾の志望校別コースに通ったほうがよいのでしょうか？」

小学校六年生になって受験校が決まると、こういう相談を受けることが多くなります。

大手塾の主催する「志望校別コース」は土曜日や日曜日に実施されることが多く、「他塾」の生徒たちも受講しやすいようになっています。わたしはこの手の講座にはメリット、デメリット双方あると考えています。
その両面をここで書き出してみましょう。

【志望校別コースに通うメリット】

1. 同じ第一志望校に挑むライバルたちと席を並べることで刺激を受けられる
2. 第一志望校への思いが強くなり、その思いが日々の学習の原動力になる
3. 第一志望校の入試問題と「似た」形式の問題に数多く接することができる

【志望校別コースに通うデメリット】

1. 第一志望校への思いが強くなり、第二志望校以下の学校に目を向けなくなってしまう
2. 志望校別コースの学習に時間を取られ、その学校の「過去問」に触れる時間が少なくなってしまう

メリットに関しては付け加えることはあまりありませんが、同じ志望校を狙うライバルたちと切磋《せっさ》できる環境はやはり魅力的でしょう。
その反面、デメリットについては幾つか補足説明することがあります。

一つ目の「志望校への思いが強くなる」はメリットにも挙げている点ですが、第一志望校へのこだわりが余りにも強くなると、次のような問題が想定できます。

まず、夏休み明けの成績が思うようにいかなかった場合、第一志望校に変更をかけるケースがありますが、それが難しくなるのです。加えて、第二志望校以下が「霞《かす》んで」見えてしまい、入試本番で第一志望校に不合格になってしまうと、子が「自分の受験は失敗だったのだ」と塞ぎ込んでしまうこともあります。

繰り返しますが、中学受験は第一志望校に合格する子のほうが少数派なのです。

もちろん、わたしは志望校別コースについて、必ずしも否定的ではありません。むしろ、わたしの塾に通う子に他塾の志望校別コースの受講を積極的に勧めることがあるくらいです。この場合は、その子にとってデメリットよりメリットが大きかろうと、こちらが判断した場合に限りますが。

なお、昨年わたしの塾からも、他塾に志望校別コースが設置されているような難関校に何人も合格しましたが、誰一人その手のコースは受講していませんでした。

わたしの塾は小規模ですので、とてもではありませんが、そのようなコースは設置できません。その代わりに、志望校の過去問は徹底的に添削しています。そのうえで、こちらの働きかけもあり、わたしの塾の生徒たちは大手塾が主催する志望校別の模擬試験のみを受験していました。

ちなみに、志望校別コースの「模擬試験」「選抜試験」に、入試本番よりも難度の高い問題を、わざと盛り込むような塾があります。わたしの偏見かもしれませんが「算数」によく見られる現象のように感じています。

なぜ「わざと」とここで表現したのでしょうか。

それは、「他塾」に通っている子や保護者に「不安」を抱かせ、いまのままでは第一志望校に合格できないと思い込ませることで、自分たちの塾の志望校別コースへと「誘導」して、合格実績をかさ上げしようという「戦略」なのかもしれません。一種の「不安商法」と言ってもよいでしょう。

第一志望校の各科目の「受験者平均点」「合格者平均点」などを調べた上で、これらの志望校別コースの試験の平均点と照らし合わせると、この点がはっきりします。

昨春「御三家」の一校に合格したわたしの塾の生徒が、小学校六年生の秋口にこの手の志望校別の模擬試験を受けたら、何と算数が「二点」（一〇〇点満点）でした。このようなこともあるのですね。

子どもが塾を辞めたいと言い出したら

中学受験は順風満帆にはなかなかいかないと申し上げました。

とりわけ小学校五年生の秋口になって突然、「塾を辞めたい」とか「勉強が嫌だ」「授業についていけない」と、親にSOSを送る子どもたちがたくさんいます。

いろいろな中学受験塾の標準的なカリキュラムを眺めていると、小学校五年生の秋には乗り越えなければならない「高い壁」が幾つも存在しています。

たとえば、算数では重要単元でありながら苦手意識を持つ子が続出する「比」の学習に取り組まなければいけません。あるいは、社会ではそれまでの地理からは打って変わって「歴史」の学習に入り、聞きなれない用語と連日向き合わなくてはいけません。

わが子が「塾を辞めたい」と訴え、保護者が途方に暮れるような事態になったならば、次の点を確認してください。

1. 子が取り組んでいるテキストは質・量ともに、いまの学力レベルに合っているのか
2. 分からないところは塾の講師に適宜質問できているか
3. 必要以上に多くの課題に取り組んでいないか。また、遠回りの学習をしていないか

1についてですが、大手塾の中には学力的にトップクラスの子も、そうでない子たちも同じ問題に取り組まなければならず、質・量ともに全くついていけないケースがあります。

2についても重要なチェック項目です。分からない問題に出会ったとき、または授業で理解できない説明があったときに、ちゃんとその場で（あるいは授業後に）講師に質問をできているのかということです。

この1、2で問題があれば、少人数で丁寧に指導してくれるところへの「転塾」を考えるのがよいかもしれません。実際、わたしの塾にも大手塾から移ってくる子どもたちがたくさんいますが、指導環境が変わることで、学習に対して前向きになれることが多々あるのです。

3に問題があれば、いま通っている塾の講師に相談した上で、「最低限」取り組まなければならない課題、そして、それらに対するシンプルな取り組み方を聞き出したほうがよいでしょう。いままで長時間向き合わなければいけなかった宿題の量を抑え、短時間で要領よくこなせるようになると、お子さんの表情は明るく変わっていくはずです。

もし、これでも事態が一向に改善されず、子が勉強そのものを嫌がるようであれば、「中学受験」をすべきか否か、その根本についてじっくりと時間をかけてご家族で話し合うべきでしょう。
わが子が中学受験勉強に取り組むことで「学ぶこと」を全身で拒絶してしまうようになるくらいなら、それは「よほどのこと」です。中学受験自体をやめてしまっても一向に構わないと考えます。

転塾するかどうか悩んだときは？

小学校五年生、六年生くらいになって、いま通っている塾のままで本当に成績は伸びていくのだろうか、志望校に合格できるのだろうか……そんな不安から「転塾」を検討するご家庭が多くなります。

「誰」が転塾を考え始めるのでしょうか。これは子ではなく、子の学習の様子や成績推移を目にして不安になった保護者であるケースがほとんどです。

わたしがよく耳にする保護者からの相談は次のようなものです。

「わが子は友人が大勢いるいまの塾を気に入っています。ですが、成績が伸びている印象はないように感じられます。環境を変えたほうが良いのかと思い、子どもに転塾を勧めますが、子どもは嫌がるのです」

そうなのです。子の中学受験勉強にもどかしい思いを抱いている保護者とは対照的に、子は通い慣れている塾に愛着を持っているのです。そういうものです。

このような場合、子の意志に反して「転塾」をゴリ押ししてよいものか、保護者主導で無理やり「転塾」させてよいものか悩んでしまいますよね。

こういうお悩みに対して、わたしは次のようなアドバイスをよくします。もちろん、その子の状況次第で全く異なるアドバイスをすることがありますから、これはほんの一例であるとお考えください。


子がいまの塾を気に入っている……一見、良いことのように感じられます。しかし、わが子が意気揚々として塾通いを続けているならば、それに比例して成績が上昇してもよさそうなものです（成績に多少の波があるのは当然ですが）。

わが子の成績が伸びない一因として考えられるのは、子がいまの塾で「学ぶこと」ではなく、「友人との触れ合い」を楽しみにしているケース。わが子はどちらなのか、保護者は吟味するべきでしょう。

中学受験は団体戦ではなく個人戦です。

日々の学習に打ち込み、頭を悩ませつつ多くの知識・解法を獲得していくこと……入試本番では見知らぬ場所で見知らぬ人たちに囲まれて、難問を克服していかねばならないこと……中学受験の主役は子本人です。誰もそれを代わってやることはできません。時には友人の存在が子のやる気を喚起することもあるでしょうが、そうなるかどうかは子の心持ち次第です。

とはいえ、子がいまの塾に愛着を抱いている、その思いを無視してはいけません。保護者が子のお気に入りである塾を無理やり辞めさせ、転塾させたとしましょう。そうすると途端に学習に対する子のモチベーションが低下する恐れがあります。「親に転塾を強いられた」という納得できない思いがいつまでも燻《くすぶ》ってしまい、今後、中学受験の学習を進めていく途上でスランプに陥ったとき、子がそれを言い訳の材料にしてしまう。つまり、他責的なふるまいをする危険性があるのです。それは避けたいものですよね。

まずは、わが子に塾のことや学習状況がどうなのかを細かにヒアリングしましょう。いまお通いの塾の講師にも、現状に不安を抱いていることを率直に伝え、相談に乗ってもらってください。その上で、子の課題はどういう点にあるのかを慎重に見極め、次なる一手を親が繰り出すべきでしょう（学習姿勢が改善されるならば、いまの塾のままでも構いません）。

転塾に踏み切るのなら、子が納得するまで何度でも話し合うべきです。

「次なる一手」を考える際は、先ほどの「塾を辞めたい」と子が訴えてきた場合のチェックポイントを参考材料にするとよいでしょう。

こちらに再掲しておきますね。

1．子が取り組んでいるテキストは質・量ともにいまの学力レベルに合っているのか
2．分からないところは塾の講師に適宜質問できているか
3．必要以上に多くの課題に取り組んでいないか。また、遠回りの学習をしていないか

新しい塾に移ったが、何だかわが子の学習が思い通りに進まず……と、二～三年のうちに塾を四つも五つも転々としているようなご家庭をときたま見かけますが、そんな状態では子の成績が改善するわけもなく、低迷してしまうのは当たり前でしょう。

このような行動をとってしまう保護者は、子の学力や学習意欲といったものに、そして塾に過度な期待を抱いている場合がよくあるのです。

小六の春から塾に通うなら

昨今は中学受験人口が増加し、激戦が繰り広げられています。

と同時に、この「中学受験ブーム」の影響を受けて、子が「中学受験をしたい」と突如切り出したことなどがきっかけで、小学校六年生からはじめて中学受験塾に通うなんていうケースが散見されるようになりました。

たった一年間の塾通いで中学入試に「間に合う」のでしょうか。

これはどのようなレベルの志望校になるのか、その子のこれまでの家庭学習や読書量、小学校での勉強の程度はいかほどなのか……子によってその背景はさまざまですから、一概に間に合うとも間に合わないとも回答できることではありません。

たとえば、算数の「四則演算」に苦手意識を抱くようなレベルであれば、中学入試は回避したほうがよいとは思いますが。

小学校六年生の春に中学受験塾にはじめて通い始める際の留意点を、ここに記しておきます。

1．塾の「いま」のカリキュラムに懸命に取り組み、過去の「抜け」を気にしないこと

大切なのは「今日」授業で教わったことを身に付けられるかどうかです。小学校五年生以前にその塾で扱った単元の「抜け」が気になるところですが、ここにまで触手を伸ばそうとすると、結果として、複数のカリキュラムを同時消化するような状態となり、どっち

も定着しないということになりかねません。二兎を追ってはならないのです。

「過去」のことは夏以降に挽回を図ると割り切りましょう。

2．夏期講習会前までに予習・復習の「学習ルーティン」、自学自習の姿勢を確立しておくこと

ほとんどの中学受験塾では、夏期講習会以降に「これまでの総復習」（中学入試で出題される全範囲）に取り組みます。短期集中型の子は、小学校三年生、四年生から塾通いをして各科目の「下地」を作ってきた子とは、比較にならないほどの学習量が求められます。その覚悟は親子ともに持っておくべきでしょう。

3．保護者は子の進学候補となる学校を選定する際に、幅広いレベルで調べておくこと（偏差値三〇台、四〇台の学校にも目を向けること）

この数年で考えると、わたしの塾で「短期集中型」（塾通いが一年未満）の中学受験で東洋英和女学院、明治大学付属中野などの上位校に合格した事例がありますが、これはレアケースといってよいでしょう。

短期間のみの中学受験生の大半は偏差値三〇台、四〇台の学校に進学しています（とは

いえ高校受験では比較的上位に位置する学校が中心ですが）。保護者はこのレベルの学校進学の可能性を考えて、中学受験に踏み切るべきです。「いやいや偏差値五〇以下の学校なら通わせない」ということであれば、中学受験は潔くあきらめて、高校受験に切り替えた（公立中学に進学する）ほうがよいとわたしは考えます。

塾は子どもを合格させられない

塾のあれこれについて説明をしてきました。

中学受験に塾は不可欠な存在であることが理解できたのではないでしょうか。

しかし、「塾に通いさえすれば成績が伸びる、合格できる」というのは短見というものです。

誤解を恐れずに申し上げると、塾はお子さんの成績を伸ばすこともできなければ、合格させることもできない……そういう存在なのです。どうしてでしょうか。

「教育」とは「子が『自ら教わり、自ら育つ』ように周囲の大人たちが働きかけること」であり、「やる気スイッチ」なるものがあるのだとすれば、そのスイッチを押せるのは子ども自身しかいないのです。

わたしたち大人ができることは、いかに子が能動的に学習するようになるか、「自立」して中学受験勉強に取り組めるようになるか、いかに子が塾を「利用」して成績を伸ばしていけるようになるか……。その「きっかけ」をひたすらに提供し続けるという「間接的」なものになります。

この点を保護者が理解すると、「子」と「塾」、あるいは「保護者」と「塾」のより良い関わり方が見えてくるのではないでしょうか。

第四章　中学受験期の親子関係

【この章のポイント】

●子どもが自信喪失してしまったら

●受験直前期の生活リズムの作り方

●「全敗」は親のせい

負けに不思議の負けなし

第四章では、中学受験期、つまり子が小学校六年生のときに勃発する親子関係の摩擦やトラブルなどの具体的な事例を幾つか挙げていきましょう。そのため、マイナス点ばかりが強調され、読後感はあまり良いものではないことを最初に断っておきます。

長年、中学受験指導に携わってきたわたしは、中学受験期のさまざまなトラブルを見聞きしてきました。序章に登場した「小学校から姿を消したA子さん」の例ではありませんが、中学受験勉強、そして、中学入試に挑んだことが結果として保護者や子の大きな傷にならないよう、「切言」する章にしたいと考えました。

肥前国平戸藩《ひぜんのくにひらどはん》第九代藩主であり、心形刀流《しんぎょうとうりゅう》剣術の達人としても知られている松浦静山《まつらせいざん》は「勝ちに不思議の勝ちあり、負けに不思議の負けなし」という格言を遺しました。プロ野球の名選手であり、複数の球団で監督を務めた野村克也さんはこの格言を座右の銘として好んで使っていましたね。

この格言は中学受験に適用することができます。

「合格に不思議の合格あり、不合格に不思議の不合格なし」と。

中学受験勉強をする中で成績が下降の一途を辿る、受験した学校すべてに不合格を喰らってしまった……。

あまり想定したくないことですが、このような事態に陥った子は、必ずや何らかの課題、問題があったのです。そして、それは中学受験期の保護者と子の関係性に因ることが多いと感じています。

わが子が自信喪失したとき

〈どうせ自分なんて病〉

わたしが密かにこう名付けている中学受験生特有のことばがあります。

「わたしはバカだから同じクラスの◯◯さんには絶対にかなわない」

「志望校の過去問に取り組んでいるのですが、全然得点できないので志望校を変えたほうがいいですか」

「何やったって、ぼくは上手くいかないんです。もうどうでもよくなってきました」

小学校六年生が夏期講習会を終え、秋に入ると、毎年のようにこの種のネガティブなことばが聞かれるようになるのです。

彼ら彼女たちに共通していること。意外に思われるかもしれませんが、夏は朝から晩まで受験勉強に懸命に励んできた「真面目な子」ばかりであるという点です。こちらが客観的に学習の様子を観察しても特に大きな問題は見当たりませんし、何より志望校にほど遠い成績状況ではないのです。むしろ夏の学習で「ああ、この子は努力の甲斐あって大きく成長したな」と、その熟達を実感できる子ばかりなのです。

これが自負心の裏返しである「謙遜」ならよいでしょう。あるいは、悪い成績をいつか取ってしまうことに怯えて「事前の言い訳」を用意しておくという心理であれば、まだ理解はできます（感心はできませんが）。

ところが、わたしがそういう子たちと面と向かって話をすると、どうやら本当に意気消沈しているようなのです。

自信を持って入試に臨めるはずの彼ら彼女たちは、なぜ〈どうせ自分なんて病〉に罹患《りかん》してしまうのでしょう。

それは、夏にこれだけがんばったのだから夏休み明けには好成績になっているはずだ、という「理想」と「現実」との乖離にぶつかってしまうからです。

たとえば、多くの受験生は九月になると、志望校の過去問を解き始めます。

各校の入試問題の構成に慣れていなかったり、問題を処理する時間配分が分かっていなかったり、夏期講習会期間に全力で取り組んだ「中学入試で出題される全範囲の学習単元とそれぞれの知識」がまだ頭の中で整理されていなかったり……そんな複合的な事情で、秋口からいきなり過去問で学校側が示す合格最低得点に達するのは難しいことです（この時期に合格点に到達できる受験生などほとんどいません）。

でも、真面目な子であればあるほど、「なんでこの夏あんなにがんばったのに、合格ラインに全然届かないのだろう」と打ちのめされてしまうのです。

〈どうせ自分なんて病〉が一過性のものならよいのですが、それが長引いてしまうと、子が本格的なスランプに陥ってしまうことがあります。

完全に自信を喪失してしまった結果、焦って問題を解き、設問の条件を読み飛ばしてしまったり、自身の導き出した解答が信じられず消しゴムでそれらを消してしまったり……。

そんな手痛い経験をするうちに、先の「どうせ自分なんて……」というネガティブワードが口を衝いて出てきてしまう。そして、さらに自信を喪失して、再びミスを重ねていく……そんな悪循環に嵌りこんでしまうのです。

ネガティブワードは呪いのことばです。そんなことばを発すれば発するほど自分の心がマイナス要素に支配されていき、自縄自縛に陥ってしまいます。

中学入試直前期にわが子がこんなふうになってしまったら、保護者はどのような声をかけるでしょうか。

「もちろん、励ましの声をかけるに決まっています」

そんな声が聞こえてきそうですが、中学入試直前期の保護者は、なかなか冷静でいられなくなるものです。

「本当に夏はちゃんと勉強したのでしょうね。どうしてあなたは結果が出せないの？」

「こんな成績じゃ志望校に合格できないでしょ！」

残念ながら、こんなことばをうっかり口にしてしまう保護者の話ばかり耳にするのです。

これらの「手厳しいことば」は、ネガティブワードを発して呪縛に囚われてしまったわが子をさらに追い詰め、苦しませてしまう刃物と化すのです。

こういうときこそ、保護者が保護者であることの「真価」が問われるのですね。

負の感情に支配されてしまったわが子が自信を取り戻し、難関の入試に挑む前向きさを獲得するために、保護者はどう子に接すればよいか……。キツいことばを投げかけそうになったら、そこは一歩立ち止まってみることが大切です。

「いますぐに結果を求めなくても平気だよ。あなたがちゃんと勉強しているのは十分分かっているから」

感情を押し殺した演技で構わないのです。

わが子を救う温かなことばを投げ続けてください。

もう一度繰り返します。わが子を追い詰める辛辣《しんらつ》なことばを浴びせたところで、事態は悪くなる一方なのです。保護者もこの「悪循環」に嵌ってしまわないように気をつけたいものですね。

受験直前、生活リズムの作り方

いまの話でお分かりでしょうが、中学受験期にわが子がポジティブな姿勢で入試本番に向けての総仕上げに取り組めるか否か……これは保護者のわが子への接し方が鍵を握っています。

保護者がわが子の中学受験に対して「のめりこんでしまう」「不安を膨らませてしまう」と、スランプに陥り入試を目前に余裕を失っている子が「逃げ場」をなくして行き詰まってしまう（やる気を失くしてしまう）ことがあるのです。

中学受験期であっても、いや、中学受験期だからこそ、保護者は自身の不安をひた隠しにして、子の前では泰然自若とした姿勢を貫くことが肝要です。

ここでも親の「演技力」が求められています。保護者が常に「平常心」を保っているように「ふるまう」姿勢が、わが子の合格を手繰り寄せることにつながるのです。

さて、中学受験勉強に専心していると、小学校六年生のみならず、小学校四年生、五年生であっても、深夜まで勉強する癖がついてしまうことがよくあります。

睡眠時間の不足は、子の体調や日常生活をじわじわと蝕《むしば》んでいく恐れがあります。

夜遅くまで勉学に励んだその代償として小学校や塾の授業でウトウトしてしまう……そうなってしまったら本末転倒ですよね。加えて、睡眠不足はホルモンバランスを崩してしまい、基礎代謝の低下を招くなんていうデータもあります。

睡眠自体には「記憶力を高め、集中力発揮を促す働き」があるそうです。実際に睡眠時間が長い子ほど、成績上位の傾向にあるという調査結果も出ています。

わたしが提案したいのは、夜は早めに寝て睡眠時間をしっかり確保する。その上で、早起きを心がけて「朝学習」の時間をたっぷり設けることです。結果的に深夜に勉強するよりも学習が捗《はかど》るのではないでしょうか。

そして、「月曜日」にはこの科目のこれに取り組む、「火曜日」にはあの科目のあれをやる……というように一週間の学習の流れを「ルーティン化」できると、効率が一層高まります。

そのためには、学習の週間計画を親子で相談しながら立てることが有効です。

スケジュール作成上の留意点として以下の三つのポイントを挙げておきます。

1．就寝・起床のタイミングをなるべく一律にする

2．「無理」な学習スケジュールを組まない

3．「自由時間」をしっかり確保する

とりわけ中学受験期の生活リズムの乱れには気をつけたいものです。

また、中学入試が近づいてくると、このような相談を受けることがあります。

「入試は朝から始まるので、その時間帯に頭が働くよう、『朝型』に切り替えたいのですが、どのくらいの時期からがよいでしょうか」

わたしは中学入試本番が近づいてきたからといって、無理やり早朝に叩き起こすなんてことをしてしまうと、子の生活リズムが乱れ、体調を崩してしまう危険性があると考えています。実際、そういう子を何人も目にしてきました。

毎日小学校に通っている子どもたちは、そもそも「ほぼ朝型」なのです。

入試当日は普段よりも一時間程度早く目覚めなければならないことが多いですから、就寝時間をいつもより一時間前倒しにして、起床時間も一時間早くする、といった程度で十分な

「入試対策」になるでしょう。
わが子の中学受験期、保護者には「いかに特別なことをしないか」という「努力」をおこなってほしいのです。

親子が守るべき「三つの『ない』」

わたしの経営する塾では、「受験生のマナー」というタイトルのプリントを入試直前期に保護者や子に配付するとともに、各教室にそれを拡大コピーして掲示しています。
こういうものです。

【中学入試直前期　三つの「ない」】

1. 自分の受験校・成績を絶対に「言わない」
2. 他人の受験校・成績を絶対に「たずねない」
3. どんなに仲良しでも絶対に「群れない」

中学受験塾に通っていると、大勢の友人と知り合えます。互いをライバル視して、研鑽し合えるような関係性はとても良いのですが、一歩間違えると相手に干渉したり、依存したりすることがあるのです。

各項目について簡単に説明します。

まず、1についてです。中学受験勉強は順調に進むとは限りませんし、成績状況によっては受験直前期に志望校変更する可能性だってあります。ですから、他者に対して安易に自分の成績を口にしたり、志望校を打ち明けたりするのは避けたいものです。それは先ほどの「スランプ」に陥ってしまう中学受験生の事例を見れば納得できるでしょう。

次に2に関して。毎日のように塾で顔を合わせていれば、席を並べている友人がどんな成績状況なのか、あるいはどの学校を志望しているのかはだいたい予想がつくものです。でも、それらをたずねたり、詮索したりするのはご法度です。1で挙げたような事態がその相手に起こるかもしれませんし、その行為がきっかけで周囲から疎まれ、友人関係に摩擦が生じてしまうことだってあるのです。

3についても中学受験生には必ず守ってほしいことです。たとえば、模擬試験のときに待ち合わせをして一緒に会場に向かう……一見、普通のことに思えますが、友人といることでほどよい「緊張感」が失われ、本来の実力が発揮できないことがあります。仲の良さは「馴れ合い」に転じることがしばしばです。中学受験は「団体戦」ではなく「個人戦」であることを肝に銘じてほしいとわたしは考えています。

この「三つの『ない』」の姿勢が求められるのは、何も中学受験生だけではありません。保護者も遵守すべき「マナー」なのです。

入試直前期、不安を抱いたり、ピリピリしていたりするのは中学受験生たちより、むしろ保護者のほうであることが多いのです。だからこそ、「三つの『ない』」が大切になります。

正直に申し上げると、中学受験生の大半はこれらのルールについてしっかり説明すれば、ちゃんと素直に受け入れ、守ってくれるのですが、大人はなかなかそう簡単にはいきません。むしろ、昨今は中学受験生同士のトラブルより保護者同士の摩擦をよく耳にするようになりました。

「あのお母さんは最近自慢話ばかりしてこちらを焦らせようとしている。二度と顔を見たくありません」

「志望校がウチの子と一緒の○○ちゃんのママが最近、わが家の悪口を周囲に言いふらしているみたいで精神的にまいっています。どうすればよいでしょうか」

そんな保護者間のトラブルについてのお悩みが塾にしばしば持ち込まれます。そのほとんどは、もともと「距離の近い」保護者同士で引き起こされます。

わたしは中学受験期に実施される保護者会でこんな呼びかけをしています。

「仲の良い保護者同士、これから入試本番までは互いの言動に細心の注意を払いましょう。先ほど配付したプリントの『言わない』『たずねない』『群れない』を守れなかったばかりに、保護者同士の要らぬ軋轢《あつれき》が生じるケースがあるのです。

中学受験の主役は子どもたち。お願いですから、わたしたちが受験生の指導に専念できるようご協力ください。

歯に衣着せずに申し上げると、そんな大人のトラブル処理などに大切な時間を奪われたくはありません」

同じ小学校、同じ性別、同じ塾、同じ志望校……「共通項」が多い保護者同士ほど、この手のトラブルが勃発しやすいように感じています。

最近は同じ塾に通う受験生保護者の間で「ＬＩＮＥグループ」が作られることがあるようです。入試に対して不安を抱いている者同士、結束したくなる思いは理解できます。

しかし、即座にグループから抜けることをわたしは勧めます。ちょっとした発言がきっかけで「炎上」する可能性だって十分に考えられるのです。「中学入試が迫ってきて、ちょっと頭が変になってきたみたい。わたし、みんなに暴言を吐く危険性があるから、ここでグループを抜けておくね」と言えば、誰も文句など言わないでしょう。

繰り返しますが、中学受験は「個人戦」です。この至極当たり前のことを、保護者は胸に刻んでほしいのです。

よく考えてみてください。

わが子が不合格で、ほかの子が合格という状況下、その他人の子の合格を心から喜べる保護者などいるでしょうか。まずいないでしょう。結局、みんなわが子が一番「かわいい」のです。それは決して指弾されるものではなく、親の「業《ごう》」と形容すべきものです。

数年前からでしょうか。有名人の子どもの「中学受験密着」の模様がワイドショーなどで放映されるようになりました。わたしはこの手の企画が大嫌いです。肌に粟を生じるレベルでゾッとする思いさえ抱きます。

親子ともども「三つの『ない』」とは真逆の方向の「露出」をおこなっていますし、何より中学受験は「見世物」ではないのです。

「四大模試」で偏差値はこんなに変わる

中学受験生が受験する模擬試験について、留意点をまとめておきます。

首都圏中学受験の世界では「四大模試」と呼ばれる大規模の模擬試験があります。これらの小学校六年生の模擬試験に限定して説明していきましょう。

四谷大塚・合不合判定テスト

四谷大塚、あるいは四谷大塚の準拠塾に通塾する中学受験生をはじめ、大勢の受験者が集まる模擬試験です。母集団の平均レベルはやや高めであり、特に難関校～上位校の志望校判定は参考になると言われています。

日能研・合格判定テスト

日能研の主催する模擬試験です。日能研に通塾する受験生たちが中心ですが、外部からの受験生も募っています。母集団のレベル幅がかなり大きく、難関校から中堅下位校まで対応しています。

ＳＡＰＩＸ・合格力判定サピックスオープン

ＳＡＰＩＸの主催する模擬試験であり、近年は他塾からも大勢の受験生が参加しています。母集団のレベルは総じて高く、難関校の志望校判定の精度に優れているとされています。

首都圏模試センター・合判模試

いままで挙げた三種類の模擬試験とは異なり、大手中学受験塾ではなく、模擬試験を専門にしている「首都圏中学模試センター」という会社が運営しています。母集団のレベルはやや低く、中堅下位校の志望校判定に適しています。

模擬試験には「偏差値」がつきものですが、この「偏差値」がなかなか厄介な存在です。というのも、模擬試験の種類、母集団のレベル差によって、その数値の出方は全く違ってくるからです。

この四大模試のいわゆる「学校偏差値一覧表」に目を向けると、その違いがよく分かります。

たとえば、男子校の本郷（二月一日・第一回入試）の合格率八〇％ラインとなる偏差値は次の通りです（数値はすべて二〇二〇年度のもの）。

四谷大塚……偏差値五九
日能研……偏差値五八

SAPIX……偏差値四九
首都圏模試センター……偏差値六九

こんなに違いがあるのですね。

保護者が気をつけなければならないのは、中学受験の「偏差値」は子どもの本来の学力より、全体的に低めに出てしまう傾向にあるということです。

たとえば、四谷大塚の偏差値五〇は、「平均的な学力」なのでしょうか。そうではありません。これはかなり優秀な子と断じて差し支えありません。

首都圏（一都三県）で私立中学受験に挑む層は、小学校六年生のうち、「七人に一人」程度とされています。中学受験生は早期から塾通いするのが一般的であり、公立中学校に進む同学年の子たちに比べると、その学習量は比較にならないくらい多いのです。すなわち、中学受験層の全体的な学力レベルは相当高いのです。このことを勘定に入れて、模擬試験の数値をみる、志望校を考えることが必要なのですね。

ここで、ちょっぴりショックを受けてしまうかもしれない話をします。

同業者内で囁かれているのは、実際の学力より低めに出る偏差値とは対照的に、これら

「四大模試」の志望校判定は、やや「甘め」に出る傾向にあるのではないかという点です。

わたしは子の模擬試験の数値に基づいて志望校を選定する際、次の目安で「挑戦校」「実力相応校」「安全校」に分類してほしいと保護者に説明しています（四科平均偏差値／合格率八〇％ラインの表を活用）。

挑戦校……平均偏差値プラス四以上
実力相応校……平均偏差値プラス・マイナス三
安全校……平均偏差値マイナス四以下

偏差値は模擬試験ごとにアップダウンするものです。この「四科平均偏差値」は、同じ種類の模擬試験を、小学校六年生の夏以降に三回〜五回程度受験した平均値から割り出すとよいでしょう。

たとえば、その偏差値が五五の中学受験生にとっての「挑戦校」は偏差値五九以上に位置している学校、「実力相応校」は偏差値五二〜五八に位置する学校、「安全校」は偏差値五一より下に位置する学校であると見るのです。

わが子の「受験パターン」を構築する際は、この「挑戦校」「実力相応校」「安全校」をそれぞれバランスよく配することが大切です。

「安全校」は必ず受験する

中学受験期を迎え、模擬試験の数値が低迷し、第一志望校には到底届かないのではないかと不安になった際、「わが子の中学受験はあきらめたほうがよいのではないか」「子は嫌がるかもしれないが、公立中学校に進学するということでよいのではないか」と悩む保護者がいます。

でも、胸に手を当てて冷静に考えてほしいのです。子はこれまで中学受験勉強にどれほどの時間を割いてきたのでしょう。第一志望校を目指しつつも「安全校」を含めた受験パターンを組んで、「結果」を出してやるのが親の務めです。

具体的には模擬試験の平均偏差値から平均偏差値マイナス四以下の学校が「安全校」に相当すると申し上げました。

中学受験期、中学入試直前の時期になってからでも遅くはありません。「安全校」の資料を取り寄せたり、直接見学させてもらったりしましょう。

わが子の成績が低迷していると、どうしても消極的な気持ちになってしまうかもしれませんが、意外なところに「掘り出し物」があるかもしれません。

「そんなにレベルの低い学校を無理して受験させて通わせたくない」

そう思われる保護者がいるかもしれません。

たとえば、激戦の中学入試とはいえ、「定員割れ」している学校も数多くあります。なお、「定員割れ」とは、その学校の受験者数が募集定員を下回っている状態を指します。

このような話をすると、「定員割れの学校に進学する意味があるのか?」と疑問を持つ保護者は多いものです。

しかし、「入試レベル」以外の側面、たとえば、教育方針や校風、諸活動などに着目すると、わが子にとって「かけがえのない学校」になる可能性だってあるのです。

以前、「定員割れ」状態の私立女子中高一貫校の理事長が、わたしにこんな話をしてくれました。

「小学校の卒業アルバムで『あれ? こんな子、ウチのクラスにいたっけ?』って同級生から言われるような、物静かで全く目立たない子っているでしょう。わが校はそんな子ばかりが集まるのですよ」

理事長はこう続けました。

「だから、わが校では『いるかいないか分からなかった』そんな子たちひとりひとりに対して、中高六年間の中で一度はスポットライトを浴びる機会を作ることを心がけています」

そして、理事長はこんなことを言い添えました。

「誰だって自分に注目してもらうのは嬉しい。そういう成功体験を中高生活の中で味わわせてやりたいのです。それによって人生が劇的に変化することもありますから」

実際、わたしの塾から巣立って、この学校に通った子の保護者から、次のようなことばをかけられたことがありました。

「まさか、あの目立つのが苦手だった子が学園祭の舞台に立って、ニコニコ笑っているなんて……。そんな姿を見るとは全く想像できませんでした。あの学校に引き合わせてくださったことを本当に感謝しています」


保護者の皆さんはこの話に対してどのような感想を抱くでしょうか。

偏差値はあくまでも学校評価の一つの尺度に過ぎないとわたしは考えています。

子どもたちは小学校の友人たちと遊ぶ時間、読書に没頭する時間、習い事に興じる時間……いろいろなことを犠牲にして受験勉強に励んできたのです。

第一志望校に合格できるのが一番ですが、わが子に確かな結果＝「合格証書」が手元に届くような中学受験を保護者は用意してやってほしいと願っています。

「一月入試」の活用法

東京都や神奈川県在住の中学受験生の大半にとって、二月一日以降に実施される入試が第一志望校となります。

二月一日以降の入試に臨む前、一月中にも多くの学校が中学入試を実施します。埼玉県や千葉県にある学校、または、寮を備えていて東京を会場にして入試をおこなう地方の学校などです。

東京都や神奈川県在住の受験生にとって、一月入試の学校は進学候補にはならないことがほとんどです。通学の距離面を考えればいたしかたないことでしょう。

しかしながら、これらの学校の入試は模擬試験ではありません。本物の「入学試験」です。「地元の」受験生の中には、その学校への進学を熱望し、受験勉強に日夜打ち込んできた子がたくさんいます。ですから、一月入試の学校を受験する当日は、たとえ「お試し」であったとしても、「この学校が自分にとっての第一志望校だ」というくらいの強い気持ちを子に持たせ、試験に臨ませることが必要です。

その学校の「合格」を本気で目指す受験生が含まれる入試会場では、緊張感が漂っていることでしょう。独特の雰囲気の中で入試問題に全力で取り組み、実力を発揮しなければいけません。

また、学校が試験会場になっているならば、ちょっとした「障壁」に出くわす可能性があります。教室の暖房が効きすぎていて「暑く」感じたり、反対に暖房の恩恵に与《あずか》れない場所で「寒い」思いをしたり……。机の表面がちょっと凸凹していて書きづらかったり、いつもと違う環境に戸惑ってしまい、試験の時間配分が上手くいかなくなったり……なんて経験をするかもしれません。なお、二〇二一年度入試ではコロナ対策として頻繁に換気をしていた学校がたくさんあり、そのため寒い思いをした子どもたちが大勢いたようです。

このようにみていくと、一月の入試を受験することには大きな意味があるのです。良きにせよ悪しきにせよ、これらの経験が二月一日以降の「本命校」の入試本番に向けた絶好の「備え」となるのです。

だからこそ、「一月受験はあくまでも練習台」「どうせスベリ止め」などという甘い認識を持ってはいけないのです。

わたしの塾に通う子どもたちの大半は、一月に入試が実施される学校を複数受験します。これらの受験校をどこにするか保護者と相談する際は、子どもたちの第一志望校にする学校や、ひとりひとりの性格面などを考慮することになります。

第一志望校がいわゆる難関校の一角であれば、一月入試は「不合格」を覚悟の上で、倍率の高い難関校の受験を勧めることがあります。二月の第一志望校と同じレベルの子どもたちが集う入試を体感しておくべきだという考えがあるからです。同時に「合格確実」な別の学校を受験してもらい、一月入試でちゃんと自信を付けさせておくことも忘れないようにします。

たとえば、三年前のこと。わたしの担当していたクラスでは、一月入試の学校で「不合格」を味わった子が三名いました。が、結果として全員が二月一日以降の第一志望校に合格しています。

彼ら彼女たちは「不合格」にショックを受けながらも、結果が出たその日のうちに入試問題をやり直して、どこが悪かったのか自己分析したのです。手痛い経験があったからこそ、同様のミスを二月一日以降の入試で避けられたのでしょう。

一方、自分に自信がなく、すぐに「へこんで」しまうタイプの受験生には、あえて「連勝確実」な一月入試を勧めます。通うつもりがない学校とはいえ、「合格証書」を受け取れば、保護者も子も心から嬉しく思うでしょうし、二月一日以降に向けて弾みがつくことは間違いありません。

なお、「進学候補には決してならない」と考えていたはずの一月入試の学校が、思いのほかアクセスがよいことを知り、また、学校の雰囲気を保護者、子がともに気に入ることで、突如「進学候補」に転じる事例も数多くあります。こうなると、「進学先」がひとつ確保できたという安心感が子の自信を生み出し、二月一日以降の入試で実力をいかんなく発揮できるなんてこともあるのです。

勝ちを掴む受験パターン実践例

ここで架空の中学受験生二人の「受験パターン」構築をどのようにすべきか、具体的な例を挙げていきましょう。

Aくん（東京都港区在住。四谷大塚・合不合判定テスト平均偏差値五八）

第一志望校・慶應義塾普通部（偏差値六四）

家庭の意向として、Aくんが慶應義塾大学に進学することを強く希望している。本人の性格を考えて男子校を考えている。

B子さん（東京都目黒区在住。四谷大塚・合不合判定テスト平均偏差値四八）

第一志望校・田園調布学園（偏差値五一）

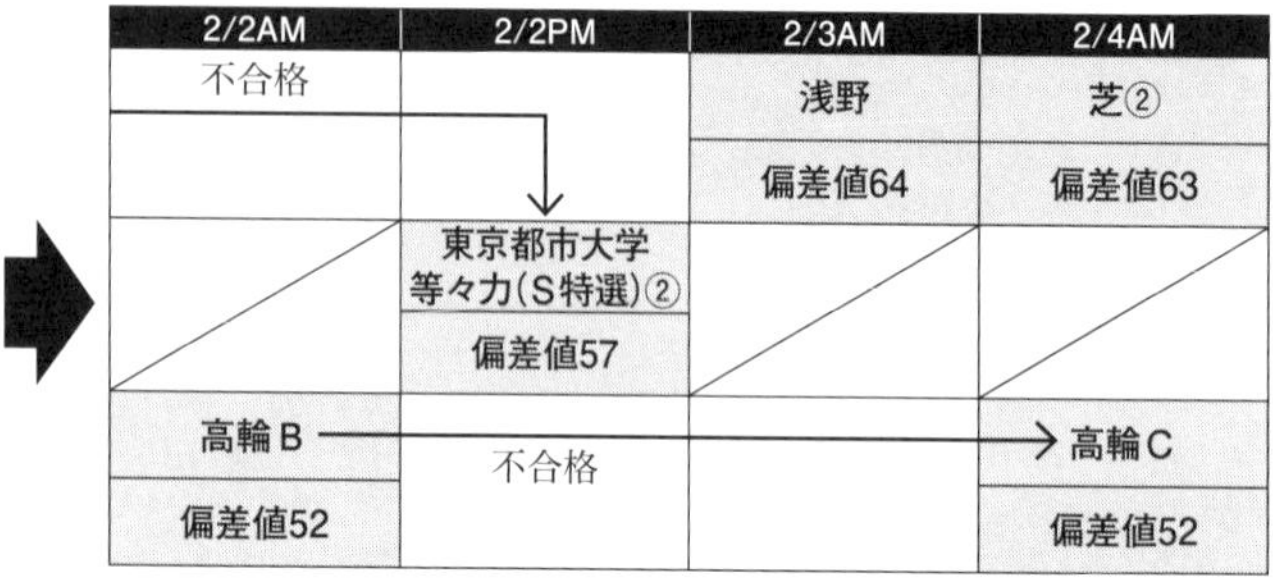

2/2AM	2/2PM	2/3AM	2/4AM
不合格		浅野	芝②
	東京都市大学 等々力（S特選）② 偏差値57	偏差値64	偏差値63
高輪B 偏差値52	不合格		高輪C 偏差値52

※偏差値は四谷大塚の合格可能性80%ライン

女子進学校を中心に考えているが、共学校でも構わない。英語に興味がある。本人は周囲に流されないマイペースな性格。

この二人の「受験パターン」はどのようなものになったのでしょうか。

それでは、AくんとB子さんの「受験パターン」がどうしてこうなったのかを解説していきましょう。

【Aくんの場合】

一月の前半は実力相応校の栄東を受験します。ここに合格していれば一月後半は挑戦校の市川を受験、不合格ならば専修大学松戸を受験することにしました。Aくんはちょっとお調子者なので、一月は「一勝一敗」で終えることを想定しています。勝っておごらず、負けてもへこたれずにいてほしいのです。

Aくんの受験パターン

	1月前半	1月後半	2/1AM	2/1PM
挑戦校	合格	市川① 偏差値64	慶應義塾普通部 偏差値64	
相応校	栄東① 偏差値58			東京都市大学等々力(S特選)① 偏差値57
安全校	不合格	専修大学松戸① 偏差値52		

二月一日は第一志望校の慶應義塾普通部です。この学校の合格発表は二月三日です。一日の午後は実力相応校の東京都市大学等々力を受験します。油断すると不合格の可能性もあるところです。ここの発表は当日夜遅くにあります。

東京都市大学等々力は二月二日の午後にも出願しておき、一日午後の合否にかかわらず、二月二日午前は安全校の高輪を受験します。前日の東京都市大学等々力に合格していればこの日の午後はお休み、不合格なら同校を再受験する戦略です。

二月三日、四日は挑戦校で浅野と芝を組み込みました。ともに一流の男子進学校であり、慶應義塾大学に多数の合格者を輩出しています。二日の高輪で土がついてしまうという「万が一」のことを考え、念のため四日には高輪を出願しておきました。二日の高輪が合格なら芝を、不合格なら再度、高輪を受験します。

2/2AM	2/2PM	2/3AM	2/4AM
田園調布学園②	不合格		田園調布学園③
偏差値52			偏差値52
	東京女学館（国際学級）	東京女学館④	
	偏差値49	偏差値51	

※偏差値は四谷大塚の合格可能性80％ライン

【B子さんの場合】

一月の前半は安全校の埼玉栄を受験します。ここで確実に合格できるでしょうから、一月後半に挑戦校の国府台《こうのだい》女子学院を受験することにしました。マイペースのB子さんですから、もしここで不合格になっても二月一日以降にショックを引きずることはないだろうと考えたからです。また、女子校独特の入試の雰囲気を感じさせるというのも狙いです。

二月一日、二日、四日は第一志望校の田園調布学園を受験します。この学校は一日午前がギリギリ相応校の範囲内ですが、それ以外の回は挑戦校になります。また、一日午後にも同校の入試が実施されるのですが、難度が高いため、回避しています。

その代わりに二月一日の午後は安全校の多摩大学目黒を受験します。名称からして大学付属校と思われるかもしれませんが、系列大学への進学者はほとんどなく、進学校の色が濃い学校です。

B子さんの受験パターン

	1月前半	1月後半	2/1AM	2/1PM
挑戦校		国府台女子学院① 偏差値53		
相応校			田園調布学園① 偏差値51	不合格
安全校	埼玉栄（難関大） 偏差値44			多摩大学目黒（特待）① 偏差値41

一日の田園調布学園で不合格になってしまったならば、二日の午後は東京女学館（国際学級）を受験します。英語に関心のあるB子さんのことを考えた上でのチョイスです。

二日の田園調布学園も不合格であれば、三日に実力相応校の東京女学館を、前日の東京女学館（国際学級）の合否に関係なく受験します（学費はこちらのほうが安いということもあります）。

いかがでしょうか。

ポイントは二月一日・二日の午前・午後を合わせた四校のうち、最低でも一つは安全校にしておくことです。二月三日以降は各学校の二回目、三回目入試がおこなわれ、一回目と比べて倍率が跳ね上がる傾向にありますし、早期に合格を確保することで、終盤まで元気よく入試に立ち向かえるようにしたいと考えたからです。

なお、四谷大塚の偏差値で四〇〜五五程度のいわゆる「中堅校」は、その年によって同じ学校とは思えないくらいに難易度が変動しやすいのが特徴です。

このAくん、B子さんの「受験パターン」を見て、「ずいぶん慎重だな」とお感じの保護者がいるかもしれません。その通りです。

わたしは子の受験パターンを構築する際には、保護者は徹底して「臆病」になるべきだと考えます。「もし上手くいったら」なんて想定する必要はありません。「この学校も、あの学校もダメだったらどうしよう」……そんな最悪の結果をイメージして、わが子が中学入試の終盤まで走り抜くための戦略を練りたいものです。

中学受験を「終わらせる」のも親の務め

わが子の中学入試が終わりました。

第一志望校に見事合格できたかもしれませんし、残念な結果に終わってしまったかもしれません。

いずれにせよ、保護者にはわが子に労《ねぎら》いのことばをかけてほしいと願います。

この点について、わたしがことあるごとに披露するエピソードがあります。

中学受験に挑んだ一人の少年（仮にAくんとしておきましょう）についての話です。

Aくんは小学校三年生の後半から塾通いを始めました。理由はAくんの父親の母校である慶應義塾大学の付属中学校に進学したいと考えたからです。

Aくんと会話をしていると父親の話がよく登場します。Aくんにとって無口で少し怖い父親は近寄りがたい反面、その口ぶりからは父親に憧れている気持ち、誇りに思う気持ちが感じられました。

Aくんの中学受験勉強は決して順風満帆というわけにはいかず、紆余曲折あったものの、どうにか慶應義塾大学の付属中学校を「挑戦校」として狙えるかもしれない成績までになりました。

しかし、入試結果は不合格。第二志望校である男子進学校に進学を決めたのです。

第一志望校の夢が破れたAくんの落胆ぶりは相当なものでした。ただ、救いはAくんの母親が第二志望校（仮にB学園としましょう）の進学を心から喜んでいたことです。

「B学園だったら一流の進学校なのだから、がんばれば慶應義塾大学よりもっと難しい大学に行けるかもしれないわよ」

そんなふうに声をかけていました。

そして、数ヵ月が過ぎ、Aくんが中学校生活に慣れた頃、彼は塾に立ち寄ってくれたのです。

Aくんは開口一番こう言いました。

「ぼく、いまの学校に通い続けながら、高校受験で慶應の付属高校を目指したい」

聞けば、中学受験で慶應義塾大学の付属中学校に不合格になったのが悔しくてたまらないとのこと。両親はどう考えているのかをたずねると、母親は反対していてB学園で中高生活を謳歌すべきだと言っている。一方、父親は黙して何も語らないとのことでした。

わたしはどちらかというと母親の考えに賛成だと伝えました。なぜなら、Aくんは別にB学園に不満があるわけでなく、ただただ中学受験結果を引きずっているだけだと感じたからです。

Aくんが塾を去って、即座にわたしはAくんの母親に電話をかけました。そして、あるお願いをしたのです。

数日後、Aくんの母親からわたしに電話がかかってきました。母親は嬉しそうにこう言いました。

「先生、ありがとうございます。AはB学園でこのままがんばると張り切っています」

さあ、わたしが母親にどういうお願いをしたかお分かりになりますか？

わたしはこう提案したのです。

「Aくんの中学受験は、残念ながらまだ終わってはいません。わたしはお父様がAくんの中学入試結果について、ちゃんと面と向かって話をすることが必要だと思います。お父様にご協力してほしいのです」

母親から後日、聞いた話は次のようなものです。

休日の夕食時。父親、母親、そしてAくんの三人が食卓についたタイミングで、父親がAくんにB学園の学校生活について尋ねました。

Aくんはいまの学校が楽しいこと、でも、高校受験でリベンジを果たしたいことを話したそうです。父親はそんなAくんに対してしばらく無言で頷いていたみたいですが、Aくんの話が終わったあと、こんなことばを穏やかな表情で語りかけたそうです。

「A、お前は中学受験がんばったよ。残念ながら第一志望校には届かなかったけれど、父さんはB学園に合格できたお前はたいしたものだと嬉しく思っている。このままB学園でがんばりなさい」

その途端、Aくんは全身を震わすようにして泣きじゃくったそうです。

季節はもう初夏を迎えていました。

Aくんの中学受験は、ここでようやく終わったのです。

Aくんは心の中でずっとずっと尊敬していた父親に認められたいと願い続けてきたのでしょうね。

このエピソードでわたしが言わんとすることは、もうお分かりになったでしょう。

もしわが子が第一志望校に不合格になってしまったとしても、保護者がそれを引きずったり、落胆した姿を見せたりしてはいけませんし、受験が終われば家族で「総括」の時間を設けてほしいのです。子に労いのことばをかけてやってほしいのです。

わが子の中学受験に終止符を打てるのは保護者しかいないのです。

「全敗」は親のせい

昨今の中学入試は活況を呈していて、激戦であると申し上げてきました。

しかしながら、わが子の成績に基づいて「挑戦校」「実力相応校」、そして、「安全校」を戦略的に組み合わせていけば、すべての学校で不合格を喰らってしまうことは、まずないはずです（入試時期に高熱が出てしまったなど、不測の事態を除いては）。

中学受験は受験校の選択さえ間違わなければ「合格できる」世界なのです。

それでも、近年は「全敗」などという嫌なことばをよく聞くようになりました。保護者の意向が強く働いた結果なのかもしれません。

「偏差値〇〇以下の学校には絶対に行かせない」

「〇〇中学校以外は進学する意味がない」

似たようなことばを、わたしも何回か聞いたことがあります。

でも、そんなのは保護者のエゴです。

これまで塾に通って、長時間かけて学習に励んできたのは子なのです。その努力が報われず、どこの学校からも「合格証書」を受け取れなかったら、子が大きな傷を抱えてしまうと思いませんか？

あるいは、(そんな塾はないと信じたいのですが) 塾側が難関校の合格実績を欲するあまり、「挑戦校」だらけの「受験パターン」を保護者や子に勧めたのかもしれません。

付言しますと、塾業界は人の「入れ替わり」が激しいことで知られています。わが子の「進路指導」を担当する講師が中学受験事情に精通しているとは限りません。いずれにせよ、塾側の勧める受験パターンに従って「失敗」した保護者は、こんな恨み言を口にすることでしょう。

「わが子が全敗になってしまったのは塾のせいだ。本当に許せない」

そんな保護者に対して、わたしはここで敢えて苦言を呈したいと思います。

全敗になったのは、あなたのせいなのです。

塾側の言うことを鵜呑みにしてしまうから、こんな事態を招いてしまったのです。

厳しいことを口にするようですが、これがわたしの本心です。

わたしは塾講師として「逃げ場」を設けようとしているのではありません。

中学受験指導に携わって二七年。これまで本当に数多くの子どもたち、保護者の方々と関わってきました。

わたしは自身の指導する子どもたち、自身の運営する塾に通う子どもたちは、全員第一志望校に合格してほしい。心からそう願い続けています。その気持ちを失ったときは塾講師としての引き際だろうと考えています。

それでも中学受験は良いものだ

重苦しい話が続いてしまいましたが、それでも中学受験は良いものです。

中学受験勉強の過程で知ることのできた「解法」や「知識」は、子どもたちの目にする世界を大きく広げます。

また、中学受験は子どもたちに「自ら教わり、自ら育つ」姿勢を身に付けてもらえる絶好の機会になりますし、そんな自立した姿勢は子どもたちが将来社会で活躍する上での原動力になるだろうと確信しています。

進学した学校では、子どもたちにとって一生の財産である素晴らしい友人たちにも出会うことができるでしょう。

中学受験が子にとって、かけがえのない素晴らしい経験になるか否か。ここまで読んでくださった方はお分かりでしょう。そうです。この点は保護者に拠るところが大きいのです。

終章　令和の中学受験

【この章のポイント】
●コロナ禍で中学受験はどう変わるか
●中高一貫校の実力が見直されている
●中学受験は子どもを成長させる

親に求められる「勇気」

ここまで本書を読んで、中学受験についてどのような印象を持ちましたか。「わが子に中学受験の道を選択させるのなら、親もそれなりの覚悟が必要なのだな」そうお感じになったのではないでしょうか。

もちろん中学受験への「覚悟」は必要ですが、わたしは保護者の「勇気」が同時に求められる世界であると考えます。

わが子が中学受験をする中で大きく伸びていくために、いかにして「親離れ」を促していくか、自分がどのタイミングで「子離れ」を決行するかという「勇気」です。

第一章で言及しましたが、子によって中学受験勉強を始める以前の学習環境はさまざまであり、課題を抱えている子は多いのです。ですから、子を塾に通わせればあとは手を離しても安心というわけにはいかないのです。

社会学者の菅野仁氏の著書『友だち幻想　人と人の〈つながり〉を考える』（ちくまプリマー新書）の一部をここに抜粋します。

〈喩《たと》えて言うなら、子どもにとって、親というのは〝多段型ロケット〟のようなものなのです。段階段階で、その外付け燃料は切り離されていかなくてはなりません。最初は第一段ロケットの強力な推進力で打ち上がるわけですが、子どもはやがて自分の力で進まなくてはいけないので、余分になった燃料タンクは段階的に切り離されなければならないわけです〉

これは中学受験にも言えることです。

中学受験をスタートさせた頃は、保護者がある程度付き添ってやらなければ、子は学習を上手く進めることはできないものです。でも、いつまでもその状態ではいけません。子が自分から問題解決できる姿勢を培うために、タイミングを見計らって保護者は少しずつその手を離してやる必要があるのです。

これは中学受験に限らず、子育て全般に言えますね。普通は子より親のほうが早くこの世から姿を消すわけですから、親が子の「自立」に向けて働きかけるのはごく自然なことです。

コロナ禍と中学受験

二〇二〇年度の首都圏中学入試が活況を呈したことをデータとともに示しましたが、ほんの数年前までは中学受験人口が減り、生徒募集に苦戦する私立中高一貫校がたくさんありました。

二〇〇八年秋に勃発した国際的な金融危機、リーマンショックに端を発した景気低迷などが原因となり、その後数年間は私立中学受験市場の「底冷え」が続いたのです。この時期は、私立中高一貫校の入試レベルの「二極分化」の現象が見られました。すなわち、難関校は依然として人気を博し、ハイレベルな選抜がおこなわれた一方、受験者数が募集定員に満たない「定員割れ」を引き起こす中堅下位校が続出しました。

ここで注目したいのは、「リーマンショック」の影響による「中学受験市場の衰退」です。中学受験はお金のかかる世界であると申し上げました。

とすると、わが子が中学受験を志すには、ご家庭にそれ相応の収入が求められるのです。リーマンショックが中学受験の衰退につながったのは、保護者の収入面の低下や、経済的に先行きの見えない保護者の心理的不安が根本にあったのではないかと考えられます。

中学受験の世界はかように景気の影響を多分に受けます。

さて、二〇二〇年からの「コロナ禍」。これを書いているのは二〇二一年一月ですが、東京をはじめ新型コロナウイルスの感染者は増加の一途を辿っていて、イギリスで発生して猛威を振るっている「変異型」のウイルスが日本国内でも確認されました。一月八日からは一都三県に二度目の緊急事態宣言が発出され、同月中旬にはその宣言の対象地域が拡大されています。終息の糸口など全く見えない状況です。

このコロナ禍は世界的規模のものであり、リーマンショック時とは比較にならないくらい甚大な経済的損失が生じているのは間違いありません。

よって、経済的な状況のみを鑑《かんが》みれば、これからの中学受験市場は縮小する可能性が高いのです。ただし、わが子が現時点で小学校五年生や六年生である場合は、さすがに長く塾通いをしていることもあり、中学受験を急遽回避するご家庭は少ないと思われます。そう考えると、中学受験市場の本格的な崩壊は一〜二年後には始まるのかもしれません。

経済的な苦境だけではありません。

「新型コロナウイルス」という目には見えない「感染」に悩まされていることを踏まえると、これもまた中学受験に影を落とすことになるのです。

たとえば、私立中高一貫校に通学している生徒の大半は「電車通学」です。

今後コロナがいったん終息に向かったとしても、いつぶり返すか分からないウイルスのことを気に掛けると、わが子を満員電車に乗せて遠くの学校に通わせたり、ターミナル駅で乗り換えさせたりすることに、抵抗感を抱いてしまう保護者が多いのではないでしょうか。

コロナ禍が中学受験にとって相当の逆風であることが分かります。

それでは、リーマンショック後のような中学受験市場の低迷期が到来するのでしょうか。「学校から選ばれる」入試から「学校を選ぶ」入試へと再び戻るのでしょうか。中学受験生保護者の中には、わが子の志望校の間口が広くなるのではないかと期待される方がいるかもしれません。

ここからはわたしの個人的な予測ですが、中学受験市場が急速に冷え込むようなことはないのではないかと睨《にら》んでいます。いま以上に中学受験が活況を呈することはないでしょうが、その市場はゆるやかに縮小する程度ではないでしょうか。

世界的な経済的損失がこれほどまでに問題視されているのに？　と訝《いぶか》しく思われる方もいるでしょう。

確かに、コロナ禍による景気の低迷のみを取り出せばそう言えるのでしょうが、このたびの緊急事態は、私立中高一貫校が見直される契機にもなったのです。

コロナ禍で休校を余儀なくされた期間、公立と比較して私立中高一貫校の多くは（学校によってその「温度差」はありますが）オンラインを活用した学習システムを迅速に導入し、生徒たちの学びに日々寄り添ったことが大きな話題になりました（そもそもオンライン学習の環境が整えられていた学校が多いのです）。

私立中高一貫校の新たな魅力がコロナ禍により図らずも見えてきたのですね。

加えて、東京都教育委員会の「令和2年度　教育人口等推計報告書」によると、東京都の児童数は令和六年度まで緩やかながら増加していくという予測が立てられています。とりわけ中学受験率の高い都心部（中央区、港区、文京区など）の児童数の増加率は高い傾向にあります。

中学受験人口は一気に落ち込むことはないとわたしが考えているのは、このような理由があるからです。

中学受験は子どもを成長させる

一昨年の五月に元号が「平成」から「令和」に変わりました。

この「令和」という元号の典拠は『万葉集』の梅花の歌、三十二首の序文にあります。

初春の令月にして、気淑《よ》く風和らぎ、梅は鏡前の粉を披《ひら》き、蘭は珮後《はいご》の香《こう》を薫らす

「令和」という元号の考案に深く関わったとされている日本文学者の中西進氏の著書『万葉集 全訳注 原文付』（講談社文庫）によれば、この序文の現代語訳は「時あたかも新春の好《よ》き月《つき》、空気は美しく風はやわらかに、梅は美女の鏡の前に装う白粉《おしろい》のごとく白く咲き、蘭は身を飾った香の如きかおりをただよわせている」となります。

奈良時代の初め、大伴旅人《おおとものたびと》の邸宅でおこなわれた梅花の宴の様子を綴ったものです。

「令和」には、長く厳しい冬を越えて、ようやく春を迎えて穏やかな気持ちをその場にいる皆で共有している……そんな意味が込められているのでしょうね。

この「冬」を中学入試と言い換えてみてはどうでしょうか。


中学入試を無事に終え、一段とたくましく成長したわが子を、穏やかな心持ちで見つめている。そんな中学受験になることをわたしは心から願っています。

本書のタイトルを『令和の中学受験』としたのは、時代によって大きく変わる中学受験の現状を保護者の方に知ってもらい、いまの時代にあるべき中学受験の姿を提唱したいという思いとともに、このような理由もあるのです。


最後に個人的な話を。

二〇二〇年二月二日の午前。

わたしはある女子校の前にいました。塾講師としてではなく、一人の父親としてそこにいたのです。

長女が前日に受験した第一志望校の合否発表がこれからおこなわれるのです。固唾を呑んで妻と二人で待っていました。周囲はすごい人だかり……。

ようやく貼り出されたその中に目当ての番号を見つけたときは、嬉しい……というよりも、その「春の訪れ」にほっとしたことをいまでも覚えています。

＊　＊　＊

この文章を書いているのは二〇二一年一月一五日。一月入試の真っ只中で、わたしの塾には合否結果の連絡が連日入ってきます。そして、東京都・神奈川県の私立中学校の入試まで残すところあと二週間です。

わたしにとって今年は塾講師として迎える二七回目の中学入試です。傍から見れば毎年毎年同じようなことを繰り返す仕事をしているわけですが、中学受験指導、中学入試に「慣れた」なんて実感できたことは一度としてありません。

ことばにすると当たり前のことではありますが、毎年毎年新たな受験生が誕生するからでしょう。誰一人として同じ子はいませんし、子どもたちひとりひとりのドラマがそこにはあります。

そのため毎度新鮮な気持ちで、わたしも中学入試本番を迎えています。

本書では中学入試問題の内容については触れていませんが、入試問題を紐解くと、算数・国語・理科・社会すべての科目において、幅広い範囲から深い知識が試されています。はじめて中学入試問題を見た保護者は、そのレベルの高さにびっくりされることでしょう。

わたしはかつて高校受験の指導をしていた時期もありましたが、中学受験指導が楽しく、中学受験専門塾をいまから一五年ほど前に設立しました。子どもたちの成長が、あたかも「グングン」と音を立てているかのように感じられる現場に、わたし自身魅入られています。

わたしは国語をメインに指導していますが、『おしりたんてい』（ポプラ社）を読んでゲラゲラと笑い転げている小学校三年生が、そのわずか三年後の小学校六年生では、大学受験でも頻出するような難解な評論文を読み解くようになっているのです。

中学受験勉強に取り組んでいる子どもたちの成長の凄まじさが分かりませんか。

本書を執筆しながら、わたしはこの楽しくエキサイティングな中学受験という現場に、これから先も、ずっと携わっていきたいと改めて感じました。

本書を通読してくださった保護者の皆様に、何度か繰り返したことばを、もう一度記したいと思います。

中学受験は良いものです。そう心から思えるような受験生活を、ご家庭が一丸となって築いていってほしいと願います。

本書の刊行に際し、多くの人たちからご協力、アドバイスを賜りました。一緒に働いている中学受験指導スタジオキャンパスのスタッフたち、学校取材の際にいろいろな情報を教えてくださった学校関係者の皆様に深く感謝を申し上げます。そして、企画段階より執筆、刊行に至る過程において、筆がなかなか進まない筆者に励ましのことばと的確なアドバイスをくださった講談社第一事業局次長兼企画部長の鈴木崇之氏に心より御礼を申し上げます。

本書を通読した保護者が中学受験への理解を深めてくだされば幸いです。

二〇二一年一月一五日

中学受験指導スタジオキャンパス／国語専科・博耕房代表　矢野耕平

男子　合格確率80%ライン偏差値一覧(1月前半～2月1日)

偏差値	1月前半（～1/19）	1月後半（1/20～）
66	1/16 灘(73)　12/19 海陽(特給・東京)(71)　1/8 西大和学園(東京)(67)	1/22 渋谷教育幕張(70)
65	1/9 聖光学院(帰)　1/16 栄東(東大特待)	
64		1/20 市川　1/27 渋谷教育渋谷(帰)
63		1/23 ラ・サール
62	1/11 開智(先端特待)	
61	1/7 海城(帰)	▼1/20 昭和秀英(午後特別)　1/21 東邦大東邦(前)
60		1/25 立教新座
59	1/9 並木　1/17 江戸川取手(東大)　1/17 江戸川取手(医科)	
58	1/9 愛光(首都圏)　1/10 栄東(1／10)　1/12 栄東(1／12)　1/13 開智(先端A)	1/20 市川(1月帰)　1/22 昭和秀英　1/25 江戸川取手2(東大)　1/25 江戸川取手2(医科)
57	1/8 函館ラ・サール(東京)　1/11 早稲田佐賀(1月首都)　1/16 さいたま市立浦和　1/18 栄東2	1/23 芝浦工大柏(GS)　1/27 芝浦工大柏2(GS)
56	1/8 北嶺(東京)　▼1/11 開智(算数特待)	1/24 千葉市立稲毛高附属　1/27 芝浦工大柏2
55	1/10 攻玉社(国際・国算)　1/12 大宮開成(特待)	
54	12/26 逗子開成(帰)　1/6 東京都市大付(帰Ⅱ類)　1/10 開智(先端1)　▼1/10 城北埼玉(特待)　1/17 さいたま市立大宮国際	
53	12/26 海陽Ⅰ(東京)　1/9 日立第一高附属　1/10 大宮開成　1/14 大宮開成2　1/14 開智(先端2)　1/17 江戸川取手(難関大)	1/23 芝浦工大柏
52	1/16 伊奈学園	1/20 専修大松戸　1/21 千葉大附　1/21 麗澤(AE)　1/25 麗澤2(AE)　1/26 専修大松戸2　▼1/28 麗澤3(AE)
51	1/6 東京都市大付(帰Ⅰ類)	

偏差値	2/1	2/1午後
66	開成(71) 麻布(68) 駒場東邦 渋谷教育渋谷	
65		
64	海城 慶應普通部 武蔵 早稲田	
63	早稲田実業 早大学院	広尾学園(ＩＳＧ１) (巣鴨(算数))
62		広尾学園２ (鎌倉学園(算数))
61		(世田谷学園(算数))
60	サレジオ学院Ａ	(東京都市大付(Ⅱ類))
59	芝 広尾学園 本郷	(東京農大第一算国) (東京農大第一算理)
58		(神奈川大附)
57	城北 逗子開成 世田谷学園 桐朋	都市大等々力(Ｓ特選) 三田国際２(インター) (国学院久我山(ＳＴ)) (三田国際算数(本科))
56	攻玉社 中央大附属 中央大附属横浜	開智日本橋(特待４科) (開智日本橋(特待算数))
55	巣鴨 法政大学	(東京都市大付(Ⅰ類)) (山手学院(特待))
54	鎌倉学園	(淑徳(東大))
53	青山学院横浜英和Ａ 三田国際(本科) 三田国際(インター) (帝京大学)	(青稜１Ｂ)
52	高輪Ａ 明大中野八王子Ａ１ 芝浦工大附 (公文国際Ａ(国算))	(桐蔭学園(午後２科)) (日本大学Ａ２(ＧＬ)) (広尾小石川(ＩＳＧ２))
51	成城学園 都市大等々力(特選) (山手学院Ａ)	

□……**4教科(3教科)判定校**　( )……**2教科(1教科)判定校**　※試験日は2021年度の実施日　▼……午後実施校(1月前半・1月後半)

(四谷大塚資料より作成)

※合不合格判定テストの合格可能性80％ラインを表したもので、**学校差を示すものではありません。**

男子

合格確率80%ライン偏差値一覧（2月2日～2月4日以降）

偏差値	2/2	2/2午後
66	聖光学院（70） 渋谷教育幕張2（69） 栄光学園（67） 渋谷教育渋谷2（67）	
65	慶應湘南藤沢	
64		広尾学園（医進・S）
63		
62	本郷2	
61	攻玉社2 桐朋2	
60	慶應湘南藤沢（帰） 明大明治	高輪（算数午後）
59	東京都市大付2（Ⅱ類）	東京農大第一2算国 東京農大第一2算理
58	城北2 巣鴨2 世田谷学園2	
57	青山学院 昭和秀英2 立教池袋	中央大附属横浜2 都市大等々力2（S特選） 三田国際3（本科） 三田国際3（インター）
56	学習院 鎌倉学園2 法政第二	
55	神奈川大附2 暁星 帝京大学2（特待・一般） 東京都市大付2（Ⅰ類） 明大中野	青山学院横浜英和B 桐蔭学園2（特奨）
54		青稜2B
53	芝浦工大附2	
52	国学院久我山2 高輪B	開智日本橋2 淑徳2（東大） 山手学院B
51		

偏差値	2/3	2/4〜
66	筑波大駒場（73） 早稲田２（67） 海城２ 筑波大附 小石川（一般）	聖光学院２（70） 2/5 渋谷教育渋谷３（67）
65		市川２
64	浅野 慶應中等部	
63	横浜市立ＹＳＦＨ附属	芝２ 2/5 本郷３ 2/5 攻玉社（特別）
62	武蔵高附属	2/5 広尾学園（ＩＳＧ２）
61	相模原 横浜市立南高附属	2/5 広尾学園３
60	学大世田谷 桜修館 大泉高附属 両国高附属 東邦大東邦（後） 明大明治２ ▼三田国際（ＭＳＴ）	サレジオ学院Ｂ
59		城北３ 2/5 逗子開成３
58	学習院２ 逗子開成２ 九段（Ｂ・都内） 学大竹早 三鷹 南多摩 ▼暁星２	巣鴨３ 東京都市大付３（Ⅱ類） 東京農大第一３ 2/6 東京都市大付４（Ⅱ類）
57	平塚 立川国際（一般） 白鷗高附属（一般） 富士高附属 立教新座２ ▼国学院久我山（ＳＴ２）	中央大附属２ 明大中野２ ▼2/4 三田国際４（本科） ▼2/4 三田国際４（インター） 2/5 江戸川取手３（東大） 2/5 江戸川取手３（医科） 2/5 立教池袋２
56	法政大学２ ▼青山学院横浜英和Ｃ	世田谷学園３ 法政第二２ 2/5 法政大学３
55	川崎市立川崎高附属	神奈川大附３ 2/5 国学院久我山（ＳＴ３）
54	明大中野八王子Ａ２ ▼都市大等々力２（特選）	鎌倉学園３ 東京都市大付３（Ⅰ類） ▼2/5 明大中野八王子Ｂ 2/6 東京都市大付４（Ⅰ類）
53	成城２ ▼開智日本橋３ ▼帝京大学３	芝浦工大附３ 2/5 成城３ 2/6 山手学院（後期） 2/7 海陽Ⅲ（東京）
52	公文国際Ｂ 成城学園２ 桐蔭学園３	成蹊２ 高輪Ｃ
51		

※合不合格判定テストの合格可能性80％ラインを表したもので、**学校差を示すものではありません。**

□……**4教科（3教科）判定校**　⬭……**2教科（1教科）判定校**　※試験日は2021年度の実施日　▼……午後実施校（2月3日以降）

（四谷大塚資料より作成）

女子 合格確率80%ライン偏差値一覧(1月前半~2月1日)

偏差値	1月前半(~1/19)	1月後半(1/20~)
65	1/16 栄東(東大特待)(68) 1/14 浦和明の星女子	1/22 渋谷教育幕張(72) 1/27 渋谷教育渋谷(帰)(67) 1/20 市川(66)
64	1/11 開智(先端特待)	1/21 東邦大東邦(前)
63		1/20 ▼昭和秀英(午後特別)
62		
61	1/9 並木 1/17 江戸川取手(東大) 1/17 江戸川取手(医科)	
60	1/9 洗足学園(帰B) 1/10 栄東(1/10) 1/12 栄東(1/12) 1/13 開智(先端A)	1/22 昭和秀英 1/25 江戸川取手2(東大) 1/25 江戸川取手2(医科)
59	1/9 愛光(首都圏) 1/11 早稲田佐賀(1月首都) 1/18 栄東2	1/20 市川(1月帰) 1/23 芝浦工大柏(GS) 1/27 芝浦工大柏2(GS)
58	1/11 ▼開智(算数特待) 1/13 淑徳与野 1/16 さいたま市立浦和	1/27 芝浦工大柏2
57	1/12 大宮開成(特待)	1/24 千葉市立稲毛高附属
56	1/10 開智(先端1)	
55	12/21 立教女学院(帰) 1/9 日立第一高附属 1/10 大宮開成 1/14 大宮開成2 1/14 開智(先端2) 1/17 江戸川取手(難関大) 1/17 さいたま市立大宮国際	1/23 芝浦工大柏
54	1/16 伊奈学園	1/20 専修大松戸 1/21 千葉大附 1/21 麗澤(AE) 1/25 麗澤2(AE) 1/26 専修大松戸2 1/28 ▼麗澤3(AE)
53		1/21 国府台女子学院 1/23 学習院女子(帰)
52	1/10 若溪学園 1/11 茨城大附 1/11 佐久長聖(東京)	1/25 江戸川取手2(難関大)
51	12/13 大妻(帰) 1/10 ▼星野学園(理数)	

偏差値	2/1	2/1午後
65	桜蔭(70) 女子学院(70) 渋谷教育渋谷(69) 雙葉(68) 早稲田実業(68) フェリス女学院 洗足学園	広尾学園(ＩＳＧ１)(66) 広尾学園２
64		
63		
62		東京農大第一算国 東京農大第一算理
61	鷗友学園女子 吉祥女子 頌栄女子学院 広尾学園 立教女学院	
60		神奈川大附
59	学習院女子Ａ	都市大等々力(Ｓ特選) 三田国際２(インター) 三田国際算数(本科)
58	中央大附属 中央大附属横浜 東洋英和女学院Ａ 香蘭女学校	開智日本橋(特待４科) 開智日本橋(特待算数)
57	法政大学	国学院久我山(ＳＴ) 山手学院(特待) 品川女子学院(算数) 湘南白百合(算数) 田園調布学園(午後) 普連土学園(算数)
56	横浜共立学園Ａ	淑徳(東大)
55	青山学院横浜英和Ａ 成蹊 三田国際(本科) 三田国際(インター) 横浜雙葉 帝京大学	晃華学園２ 青稜１Ｂ
54	大妻 明大中野八王子Ａ１ 芝浦工大附 公文国際Ａ(国算)	恵泉女学園 桐蔭学園(午後２科) 東京女学館２ 日本大学Ａ２(ＧＬ) 広尾小石川(ＩＳＧ２)
53	成城学園 都市大等々力(特選) 山手学院Ａ	
52	共立女子(２／１) 日本女子大附 広尾小石川(ＩＳＧ１) 開智日本橋	安田学園(先進２) 日本大学Ａ２(ＮＳ) 麗澤４(ＡＥ)
51	品川女子学院 田園調布学園 安田学園(先進) 青稜１Ａ 森村学園	山脇学園午後(算・国)

※合不合格判定テストの合格可能性80％ラインを表したもので、**学校差を示すものではありません。**

□……**4教科(3教科)判定校** ◯……**2教科(1教科)判定校** ※試験日は2021年度の実施日 ▼……午後実施校(1月前半・1月後半)

(四谷大塚資料より作成)

女子

合格確率80%ライン偏差値一覧(2月2日～2月4日以降)

偏差値	2/2	2/2午後
65	渋谷教育幕張２(71) 渋谷教育渋谷２(70) 豊島岡女子学園(70) 慶應湘南藤沢(68) 青山学院 洗足学園２	広尾学園(医進・S)(66)
64	吉祥女子２	
63	慶應湘南藤沢(帰) 白百合学園 明大明治	
62		東京農大第一２算国 東京農大第一２算理
61		
60		香蘭女学校２
59	昭和秀英２	中央大附属横浜２ 都市大等々力２(S特選) 三田国際３(本科) 三田国際３(インター)
58	法政第二	
57	神奈川大附２ 帝京大学２(特待・一般)	青山学院横浜英和B 桐蔭学園２(特奨)
56		青稜２B
55	大妻２ 芝浦工大附２	
54	鎌倉女学院	開智日本橋２ 淑徳２(東大) 普連土学園(２日午後) 山手学院B
53	共立女子(２／２)	富士見(算数)
52	田園調布学園２	安田学園(先進４) ドルトン東京(特待)
51	品川女子学院２ 安田学園(先進３) 青稜２A 森村学園２	東京女学館３ 日本大学B(GL)

偏差値	2/3	2/4～
65	慶應中等部(70) 豊島岡女子学園2(70) 筑波大附(69) お茶の水女子大附(67) 小石川(一般)(66) 鷗友学園女子2 武蔵高附属 横浜市立ＹＳＦＨ附属	豊島岡女子学園3(70) 2/5 渋谷教育渋谷3(70) 市川2(66) 2/5 洗足学園3 2/5 広尾学園(ＩＳＧ2)
64		2/5 広尾学園3
63	両国高附属 明大明治2	浦和明の星女子2
62	学大世田谷 桜修館 東邦大東邦(後) 横浜市立南高附属 横浜共立学園B ▼三田国際(ＭＳＴ)	
61	学習院女子B 相模原 東洋英和女学院B	2/5 頌栄女子学院2
60	九段(B・都内) 大泉高附属	東京農大第一3
59	平塚 立川国際(一般) 白鷗高附属(一般) 富士高附属	中央大附属2 ▼ 2/4 三田国際4(本科) ▼ 2/4 三田国際4(インター) 2/5 江戸川取手3(東大) 2/5 江戸川取手3(医科)
58	学大竹早 三鷹 南多摩 法政大学2 ▼青山学院横浜英和C	法政第二2 2/5 法政大学3
57	川崎市立川崎高附属 ▼国学院久我山(ＳＴ2)	神奈川大附3 成蹊2
56	明大中野八王子A2 ▼都市大等々力2(特選)	2/5 大妻4 ▼ 2/5 明大中野八王子B
55	大妻3 ▼開智日本橋3 ▼帝京大学3	淑徳与野2 芝浦工大附3 2/6 山手学院(後期)
54	公文国際B 成城学園2 桐蔭学園3 ▼共立女子(2／3合科型)	
53	日本女子大附2 ▼恵泉女学園3	鎌倉女学院2
52	専修大松戸3 東京大附 安田学園(先進5) 横浜国大横浜	田園調布学園3 開智日本橋4 2/5 江戸川取手3(難関大) 2/5 国学院久我山(ＳＴ3)
51	東京女学館4	品川女子学院3 普連土学園(4日午前) 森村学園3 2/5 日本大学C(ＧＬ)

※合不合格判定テストの合格可能性80%ラインを表したもので、**学校差を示すものではありません。**

□……**4教科(3教科)判定校**　◯……**2教科(1教科)判定校**　※試験日は2021年度の実施日　▼……午後実施校(2月3日以降)

(四谷大塚資料より作成)

矢野耕平

1973年、東京生まれ。中学受験指導スタジオキャンパス代表、国語専科 博耕房代表取締役。大手進学塾で13年間勤務の後、2007年にスタジオキャンパスを設立し、代表に。自らも塾講師として、これまで27年にわたり中学受験指導を行っている。主な著書に『女子御三家　桜蔭・女子学院・雙葉の秘密』(文春新書)、『旧名門校VS.新名門校』(SB新書)、『LINEで子どもがバカになる』(講談社＋α新書)がある。

講談社＋α《プラスアルファ》新書 726-2 C

令和《れいわ》の中学受験《ちゅうがくじゅけん》

保護者のための参考書

矢野耕平《やのこうへい》

2021年 2 月17日第1刷発行
2023年12月 4 日第6刷発行

発行者――――髙橋明男

発行所――――株式会社 講談社
東京都文京区音羽2-12-21 〒112-8001
電話 編集(03)5395-3522
販売(03)5395-4415
業務(03)5395-3615

カバーイラスト―― 金田サト
帯写真――――杉本大希〈zecca〉
デザイン――――鈴木成一デザイン室
カバー印刷――――共同印刷株式会社
印刷・本文図版――株式会社新藤慶昌堂
製本――――牧製本印刷株式会社

KODANSHA

Printed in Japan
ISBN978-4-06-522799-2